中国特色工业化进程中企业和城市行为的环境效应研究

蔡宏波 钟超 韩金镕 马红旗 ◎著

Environmental Effects of Enterprise and City Behavior in China's Industrialization

中国财经出版传媒集团

经济科学出版社
Economic Science Press

前　言

改革开放40多年来,中国经济发展取得了辉煌成就。不仅经济体量快速增长,成为世界第二大经济体,而且在中华大地上全面建成了小康社会,历史性地解决了绝对贫困问题,为全球的经济发展和减贫事业做出了卓越贡献。但与此同时,过去高污染、高能耗、高排放的粗放型经济增长方式对我国的资源和环境造成了极大的影响,大气污染、水污染等问题愈发严峻,环境保护刻不容缓。中国始终积极应对环境问题:从加快转变经济发展方式,到经济进入新常态、着力推进供给侧结构性改革,再到经济高质量发展,中国主动调整国内经济;从2009年哥本哈根气候大会承诺2020年单位GDP二氧化碳排放比2005年下降40%~45%,到2020年9月在联合国大会提出,二氧化碳排放力争于2030年前达到峰值,努力争取于2060年前实现碳中和,中国负起大国减排责任。显然,当前及未来一段时期,经济社会发展全面绿色转型、生态环境质量改善由量变到质变,应是立足新发展阶段,贯彻新发展理念,构建新发展格局,从而推动高质量发展的应有之义,也是物质文明、政治文明、精神文明、社会文明、生态文明协调发展的中国式现代化道路的关键特征。

企业是市场行为的主体,城市则是我国的重要行政单元,从二者与环境的密切关系来看,一定会在上述两个"转变"过程中扮演至关重要的角色。首先,环境问题的一大根源是工业生产的污染排放,以企业生产、企业迁移、企业选址、企业贸易及至企业社会资源为表现的企业行为均会对排污、治污造成影响。其次,环境问题具有地区异质性,不同城市的贸易模式、行政区划、职能转变以及地方政府的发展规划等多种行为均会对当地以及周边地区的环境造成影响。因此,本书主要以企业和城市作为研究对象,从六个方面展开,对中国特色工业化进程中企业和城市行为的环境效应进行深入探讨。

第一至第四章是企业篇。第一章研究了中国的企业迁移对企业污染排放的影响,具体从企业迁移的特征事实出发,对企业迁移的环境效应进行了理论分析与实证检验,并验证了迁移行为改变了企业的生产规模和技术,在政府约束与社会责任等影响下降低了污染排放的传导机制。第二章以我国高铁规划为政策背景,考察高铁开通前后不同污染水平、不同所有制以及不同地区污染型企业选址的差异化表现,从清洁效应、交通便利性、集聚效应等角度解释造成这种差异的原因。第三章以企业是否通过清洁生产审核为切入点,研究清洁生产对于企业的商品是否出口和出口商品数量、种类的影响。第四章聚焦企业的社会资源与环保治污问题,为政府如何采取措施合理引导企业清洁生产提出政策建议。

第五和第六章是城市篇。第五章分析城市层面出口行为对空气污染的影响,利用空间计量模型检验了城市出口通过技术创新影响空气污染的直接效应,以及城市出口对空气污染的空间溢出效应。第六章重点考察以撤县(市)设区为代表的中国行政区划调整对地区空气污染的影响,并从垂直性协同与区域性协同角度揭示其影响机制,对于理解我国区域间协同治污与地方绿色发展之间的关系提供了启示。

长期以来,经济发展与环境保护都是国内外学者关心的热门话题。从文献来看,国外这一领域的相关研究数量巨大且已比较成熟,但基于理论模型和案例、数据针对中国问题的研究还不充分,而且西方理论未必完全适用一个处在快速工业化进程而又开放发展、协调发展的中国,简单套用模型和研究方法可能会以偏概全、南辕北辙,面对实践发展创造的机会、时代进步赋予的使命,作者愿与学界同仁一起努力,为推动中国特色的环境经济理论和政策研究贡献智慧与力量。

本书内容为近年来作者在环境经济、区域经济、国际经济、制度经济等领域的研究成果,撰写过程中也得到了郑涵茜、何佳俐、杨莉的大力支持和协助。同时特别感谢经济科学出版社的领导以及本书的编辑,他们极其专业和细致的工作使本书得以顺利出版。由于作者的水平和精力有限,书中不妥之处敬请各位读者批评指正。

蔡宏波
2021年9月于北京

企 业 篇

第一章　企业迁移行为与环境污染　3
- 第一节　企业迁移的相关研究　3
- 第二节　企业迁移活动的特征事实与理论分析　8
- 第三节　企业迁移环境效应的模型构建　17
- 第四节　企业迁移环境效应的实证分析　22
- 第五节　研究结论与政策启示　39

第二章　污染型企业选址与高铁开通　41
- 第一节　我国高铁建设现状　41
- 第二节　文献综述　44
- 第三节　理论模型与研究假说　47
- 第四节　高铁开通影响污染型企业选址的模型设置　53
- 第五节　高铁开通影响污染型企业选址的实证检验　56
- 第六节　研究结论与政策启示　75

第三章　企业出口行为与清洁生产　78
- 第一节　清洁生产的相关研究　78
- 第二节　清洁生产与企业出口的理论分析　80
- 第三节　清洁生产与企业出口的模型设定　81
- 第四节　清洁生产与企业出口的实证分析　85

第五节　研究结论与政策启示　　91

第四章　企业社会资源与环保治污　　92
　　第一节　企业社会资源的研究背景　　92
　　第二节　企业社会资源与环保治污的理论分析　　93
　　第三节　企业社会资源与环保治污的模型构建　　94
　　第四节　企业社会资源与环保治污的实证分析　　97
　　第五节　研究结论与政策启示　　102

城 市 篇

第五章　城市出口与空气污染　　107
　　第一节　贸易与环境的相关研究　　107
　　第二节　文献综述与理论假说　　109
　　第三节　城市出口影响污染的模型构建　　115
　　第四节　城市出口对空气污染的实证分析　　119
　　第五节　研究结论与政策启示　　131

第六章　撤县(市)设区与空气污染　　135
　　第一节　中国行政区划改革的进程与意义　　135
　　第二节　文献综述　　138
　　第三节　行政区划调整与空气污染的理论模型　　142
　　第四节　撤县(市)设区影响空气污染的模型构建　　144
　　第五节　撤县(市)设区影响空气污染的实证检验　　146
　　第六节　研究结论与政策启示　　162

参考文献　　164

企业迁移行为与环境污染

第一节 企业迁移的相关研究

一、我国企业迁移的政策背景

习近平总书记在 2018 年全国生态环境保护大会的讲话中强调:"生态文明建设是关系中华民族永续发展的根本大计。"《中华人民共和国国民经济和社会发展第十四个五年规划和 2035 年远景目标纲要》提出,"十四五"时期经济社会发展主要目标之一是"生态文明建设实现新进步。国土空间开发保护格局得到优化,生产生活方式绿色转型成效显著,能源资源配置更加合理、利用效率大幅提高,单位国内生产总值能源消耗和二氧化碳排放分别降低 13.5%、18%,主要污染物排放总量持续减少,森林覆盖率提高到 24.1%,生态环境持续改善,生态安全屏障更加牢固,城乡人居环境明显改善"。这是立足新发展阶段,贯彻新发展理念,推动高质量发展的应有之义。人类社会经济活动不可避免地会造成对环境的破坏,我国在过去经济社会快速发展的过程中也付出了环境代价,如大气污染和水污染问题凸显。根据生态环境部《2020 中国生态环境状况公报》，2020年全国337个地级及以上城市中，135个城市环境空气质量超标，占比40.1%，较2019年下降13.3个百分点；337个城市累计发生严重污染345天、重度污染1152天，较2019年分别减少了107天、514天。可见，我国污染治理工作卓有成效，但环境质量依然存在较大的提升空间。

目前，影响我国环境的主要空气污染物来源有三类：一是工业生产环节的各类化学污染物排放；二是居民生活污染，主要来自日常生活以及冬季取暖所需的大量煤炭燃烧；三是交通运输等移动源污染。随着机动车使用量的持续增长，截至2020年，移动源污染已跃升为我国大中城市空气污染的主要来源。其中，第一类工业生产环节的污染排放在当前构建以国内大循环为主体、国内国际双循环相互促进的新发展格局过程中尤其应予以高度重视。作为工业生产的主体，企业是从源头控制污染的主要对象。近些年来，国内外学者已从微观层面关注到企业自身性质、设立退出、生产行为、出口行为等对污染排放的影响。反向来看，环境约束也对企业行为产生影响，例如，为推进京津冀协同治理污染，河北省自2018年开始对不适宜在主城区发展的重点污染工业企业实行"退城搬迁、退城进园"。由此提出，通过企业迁移进行的产业结构空间布局会减缓地区环境污染，还是仅仅导致污染的空间转移？

企业迁移是指企业在地理位置上的移动，是产业空间布局调整的微观表现形式。企业迁移行为具有一定的规律性，新经济地理学理论开创者克鲁格曼（Krugman，1991）的"中心—外围"模型提出制造业企业偏好于向中心地区聚集。奥库伯和托米乌拉（Okubo & Tomiura，2012）对其进一步进行研究，认为生产率高的企业向中心地区迁移，而诸如促进周边地区发展的政府补贴政策会首先促使生产率最低的企业向城市外围迁移。席强敏（2018）结合中国的特有背景将企业迁移分为成本节约型、市场扩张型和政府推动型。不同类型的迁移行为均会带来生产规模、生产技术、要素结构的改变，进而对其污染排放产生影响。那么，企业迁移究竟通过何种渠道影响了企业的污染排放？一方面，迁移意味着进入新的市场环境，如果企业向中心地区迁移将面临市场竞争的加剧，企业不得不进行技术升级以获取竞争优势，同时，中心地区的产业聚集容易形成技术外溢，降低企业研发成本，提高技术升级的可能性；如果企业向外围地区迁移，随之而来的运输成本的上升和市场规模的减小将影响企业的生产规模。技术升级和生产规模下降均会导致企业的污染排放减少。另一方面，迁移可能导致企业所受政府环境约束和社会责任的改变。我国的环境规制水平不断上升，一般而言，越靠近中心地区，政府的环境约束力越强，且中心地区人口聚集，对居住和生活环境的质量会有更高的期望，企业也将面临履行更为严格的社会责任的诉求，从而对污染排放产生负面影响。

二、企业迁移与环境污染的文献综述

（一）企业迁移问题的相关文献

首先，较多文献探讨了企业迁移的方向（魏后凯和白玫，2009）、特征（Kronenberg，2013；唐飞鹏，2016；刘颖等，2016）和动力机制（戴其文等，2020）。其中，魏后凯和白玫（2009）详细梳理了中国企业迁移的方式与方向、发展趋势、影响因素等，提出应积极引导企业在东西部地区间迁移，同时，应完善相关政策防止污染转移现象。克伦伯格（Kronenberg，2013）认为，低技术制造业和低知识密集度服务业且支付高薪水的企业更易迁出当前地区。唐飞鹏（2016）证明了高公共投资的高治理能力地区和高税收优惠的低治理能力地区对迁移企业更有吸引力。刘颖等（2016）发现，生产率高的工业企业倾向于选择具有较高研发水平和市场潜力的城市，而生产率较低的企业易被挤出。戴其文等（2020）发现，污染型企业或产业在城市内部具有分散式外围区转移、集中式功能区转移、远离敏感区转移三种转移模式，影响其转移的因素较为复杂，涉及经济、社会、地理、政策等多个方面。另有学者研究了其他内外部特征对企业迁移的影响（Nilsen et al.，2020），如企业内部劳动力结构

（Brouwer et al.，2004）、政府腐败（Candau & Dienesch，2017）、区域交通政策（杨开忠等，2019）、税收补贴政策（Pan et al.，2020）、地区劳动力成本（Wang et al.，2020）等。也有部分文献从行业层面研究了区域间产业转移的路径及其影响因素（陈建军，2002；范剑勇，2004；李娅和伏润民，2010；王丽萍和夏文静，2019）。

其次，部分学者聚焦于环境政策对企业迁移行为的影响，但尚未得出统一结论。一方面，学者们认为，环境规制的增强会显著提高企业迁移概率。沈坤荣等（2017）从企业层面实证检验了城市环境规制引发的污染就近转移现象。马丁等（Martin et al.，2014）提出，可向受环境监管的企业提供补偿以防止企业迁移，并具体研究了将欧盟排放权交易计划中的排放许可证免费分配给碳密集型和贸易密集型行业所带来的一系列影响。施密特和海茨格（Schmidt & Heitzig，2014）也认为，可利用碳排放许可证防止企业搬迁。吴等（Wu et al.，2017）实证检验了中国"十一五"规划提出的减少水污染指令对污染型企业选址的影响，发现该项指令使2006～2010年制造业污染型企业的选址从具有严格环境标准的沿海省份转移到环境标准相对较低的西部省份，且具有企业异质性。另一方面，环境规制并非导致企业迁移的主要原因。莱文森（Levinson，1996）使用企业层面数据研究环境规制对企业选址的影响，发现各州环境规制的差异不会系统地影响制造业企业的选址决策。

较少学者关注企业迁移的经济效应（孙启明等，2012；席强敏，2018；Haupt & Krieger，2020）。孙启明等（2012）分析了不同的企业迁移模式对区域间经济发展的影响，提出良性企业迁移有利于形成产业集聚，促进总部经济发展，因此，应采取适当的区域政策引导企业迁移。席强敏（2018）采用双重差分倾向评分法并结合1998～2007年中国工业企业数据库，考察了制造业企业迁移对企业全要素生产率的影响。研究发现，城市内部企业迁移行为能够显著提高全要素生产率，且对低效率企业的提升效果更加显著。豪普特和克里格（Haupt & Krieger，2020）认为，企业流动性的提高加剧了税收竞争，但削弱了补贴竞争，由此导致政府的净税收收入增加。由企业迁移和选址导致的地区产业集聚会对劳动生产率和工资（赵伟和隋月红，2015）、企业融资约束（茅锐，2015）、避税强度（王永培和晏维龙，2014）、企业全要素生产率（范剑勇等，2014；魏守华等，2016）、新企业进入（邵宜航和李泽扬，2017）、地区产业创新（彭向和蒋传海，2011）产生影响。

（二）污染排放问题的相关文献

随着企业异质性理论（Melitz，2003）的建立和发展，以及企业层面污染排放数据的逐渐普及，近年来，国内外学者从贸易自由化和环境政策的角度研究了微观企业的污染排放行为。切尔尼坎（Cherniwchan，2017）使用美国企业层面排污数据研究北美自由贸易协议（NAFTA）带来的贸易自由化对污染排放的影响，结果显示，贸易自由化的污染减排效应显著，其减排量占美国整个制造业部门的2/3。古铁雷斯和特希玛（Gutierrez & Teshima，2018）检验墨西哥签订自由贸易协定后关税降低对当地环境的影响，发现贸易自由化带来的进口竞争会显著降低企业排放。夏皮罗和沃克（Shapiro & Walker，2018）采用量化的结构模型估计美国制造业企业污染排放的变化，发现企业污染排放的降低主要得益于严格的环境规制水平，而非企业生产率或国际贸易。在中国的污染排放问题上，何等（He et al.，2020）分析了贸易自由化对中国出口企业污染排放的影响，但其污染排放数据通过企业产值和行业层面污染排放系数计算所得，而非实际观测的企业层面污染排放数据。崔等（Cui et al.，2020）使用制造业企业层面环境数据，研究贸易自由化的环境影响，发现其通过出口关税降低带来的竞争加剧效应以及进口关税降低带来的投入品替代效应，显著降低了 SO_2 排放密度。韩超等（2020）提出，节能政策可通过减产和提高能源使用效率有效降低企业污染排放。徐志伟等（2020）在"中心—外围"理论框架下考察了污染型企业选址和存续状态的倒"U"型关系。陈登科（2020）使用企业污染排放数据研究发现，中国加入 WTO 后，贸易壁垒的下降显著降低了企业污染排放。

以往有关企业迁移的文献较为系统地研究了企业的迁移方向、迁移特征和影响因素等，较少研究企业迁移行为带来的经济效应，尤其忽略了企业迁移对于环境的影响。而国内外有关微观层面企业污染排放问题的研究也大多聚焦于贸易自由化或环境政策的作用，鲜少与企业的区位选择或迁移决策相结合。此外，部分学者关注到了政府环境规制对于企业选址和迁移的影响。在全球化视角下，发达国家环境标准的增强会迫使污染产业转移至发展中国家。那么，中国是否存在部分污染型企业向城市外围迁移聚集，形成"污染避难所"？以往研究较多关注外部因素是否会促进污染产业或企业转移，而污染型企业发生迁移后其环境表现如何？企业变得更加清洁还是更加污染？相比已有研究，本章的边际贡献在于以下三个方面。第一，使用中国工业企业数据库和中国工业企业污染排放数据库的匹配数据，详细刻画了我国污染型企业迁移在各个年份、地区的发生频率，并从不同行业、迁移类型、企业所有制角度进行异质性分析。第二，在考察了污染型企业迁移前后的污染排放变化后，提出了企业迁移影响污染排放的规模与技术效应，以及政府约束与社会责任机制，有助于深化对企业迁移与污染排放内在关系的理解。第三，利用企业数据库，得到基于微观层面的研究结论，有助于地方政府合理规划污染产业的空间布局，并精准制定从污染的源头改善环境质量的政策措施。

第二节 企业迁移活动的特征事实与理论分析

一、企业迁移的特征事实

企业迁移在我国经济社会发展的各个阶段具有不同的特征。第一阶段是1978年党的十一届三中全会做出实行改革开放的重大决策后,我国加快开放国内市场、吸引外商直接投资,这一时期,我国企业迁移的主要表现形式是外资企业的迁入,且主要集中在开放程度较高的东部沿海地区。魏后凯和白玫(2009)也提出这一阶段随着对外开放由南向北的推进,外商直接投资出现了北上趋势。第二阶段是1992年邓小平南方谈话和党的十四大正式明确建立社会主义市场经济体制的目标,这一时期,随着开放进程的不断加快,外资企业继续大量迁入,同时,在市场机制下国内企业也开始了跨地区流动,部分沿海地区企业受到资源和生产要素的约束逐渐向内陆迁移。第三阶段是2000年后我国相继实行西部大开发战略和中部崛起战略等,极大地促进了商品与要素的空间转移,以及以企业迁移为基础的产业空间结构重新布局。此外,加入世界贸易组织后,我国向全球进一步开放商品与要素市场,市场竞争加剧,企业出于节约生产成本、扩大市场份额、实现技术升级等目的,迁移活动更加频繁。受到数据的限制,本章主要考察1999~2012年的污染型企业迁移行为,样本中共有136078家企业,其中,发生迁移的企业有17414家,占比12.8%。通过初步的数据分析,我国污染型企业的迁移主要体现出如下特征。

第一,污染型企业迁移数量呈现阶段性波动。图1-1展示了样本区间内污染型企业迁移数量的变化趋势。1999~2003年,发生迁移的污染型企业数量明显较高,且在2001年达到峰值,主要原因是2003年前后我国的土地政策发生了重大改变,包括更为严格的建设用地指标管理、严厉打击土地违法以及实行倾向中西部地区的用地政策等(陆铭等,2015),因此,2004年开始,我国企业自主迁移数量急剧下降。而近年来,随着城市化进程的加快,企业发生政策性搬迁的情况逐渐增多。政策性搬迁即出于社会公共利益的需要,由政府主导的企业迁移。随着我国环境质量标准的提升,地方政府开始对污染型企业实行政策性搬迁。与此同时,2012年,国家税务总局发布《企业政策性搬迁所得税管理办法》,进一步规范了企业政策性搬迁流程以及可享受的税收优惠政策,污染型企业迁移数量出现较快增长。

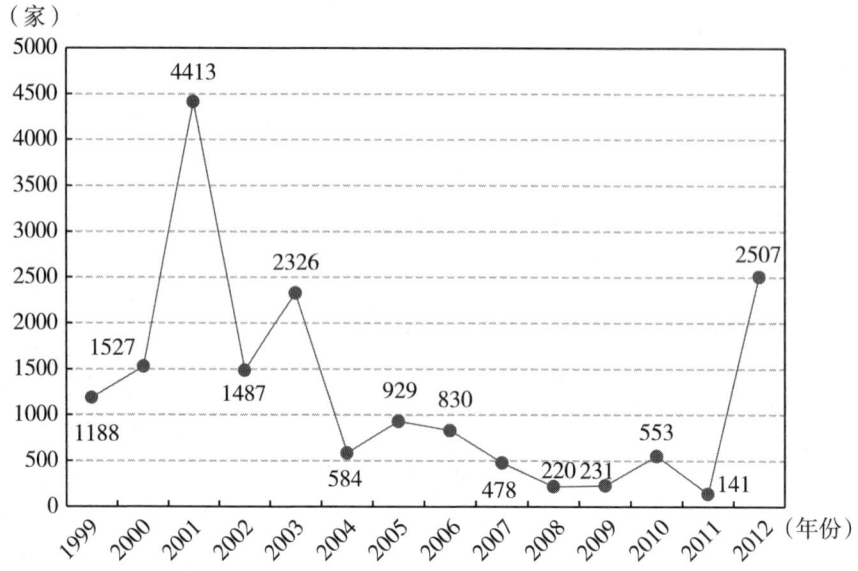

图 1-1　样本区间内污染型企业迁移趋势

资料来源：数据由 1999~2012 年中国工业企业数据库和中国工业企业污染排放数据库匹配所得。

第二，污染型企业迁移主要发生在东部地区。表 1-1 分组统计了我国的污染型企业迁移数量。样本区间内共有 17414 家污染型企业发生迁移，其中，东部地区的迁移数量为 9589 家，占比达到 55.1%，其次为中部地区，西部地区的迁移数量最少。由此可见，我国东部地区的污染型企业迁移活动最为频繁。

表 1-1　1999~2012 年污染型企业迁移的特征事实　　单位：家

	东部地区	中部地区	西部地区	总计
Panel A：行业				
高污染行业	6854	3308	2848	13010
低污染行业	2735	917	752	4404
总计	9589	4225	3600	17414
Panel B：迁移类型				
市际迁移	1300	1773	2222	5295
县际迁移	8289	2452	1378	12119
总计	9589	4225	3600	17414

续表

	东部地区	中部地区	西部地区	总计
Panel C：企业所有制				
本土企业	5613	3470	3048	12131
外资企业	3976	755	552	5283
总计	9589	4225	3600	17414

资料来源：数据由1999~2012年中国工业企业数据库和中国工业企业污染排放数据库匹配所得。

第三，污染型企业迁移在不同行业、迁移类型和企业所有制间存在异质性。首先，分行业来看，高污染行业的企业迁移最为频繁，且主要集中在东部地区。表1-1的Panel A显示了高污染行业与低污染行业的污染型企业迁移分布情况。总体来看，高污染行业中的迁移企业数量远高于低污染行业，且在东部、中部、西部地区呈现相似特征，高、低污染行业迁移企业比例相近。东部地区的高污染行业企业迁移最为频繁，达到6854家。表1-2进一步列示了各行业的企业分布情况，可以发现：（1）企业迁移最频繁的前三大行业分别为非金属矿物制品业、化学原料及化学制品制造业、纺织业，均为高污染行业，且主要发生在东部地区；（2）部分高污染行业由于迁移成本较高、可选区位范围固定，迁移频率反而不高，如各类金属冶炼业、金属采选业等；（3）绝大部分行业在东部地区的企业迁移数量更高，仅有个别行业的企业迁移主要分布在西部地区，包括煤炭采选业、有色金属矿采选业、石油和天然气开采业，主要原因是在西部地区这类行业分布的企业基数大，迁移企业数量也更大。

表1-2　　1999~2012年分行业污染型企业迁移数量　　单位：家

行业大类	东部地区	中部地区	西部地区	总计
煤炭采选业	34	170	316	520
石油和天然气开采业	9	8	22	39
黑色金属矿采选业	27	7	16	50

续表

行业大类	东部地区	中部地区	西部地区	总计
有色金属矿采选业	34	53	68	155
非金属矿采选业	48	28	35	111
其他矿采选业	1	1	0	2
木材及竹材采运业	0	8	2	10
农副食品加工业	487	246	202	935
食品制造业	377	143	114	634
饮料制造业	237	183	132	552
烟草加工业	21	32	27	80
纺织业	1159	242	120	1521
服装及其他纤维制品制造业	198	17	6	221
皮革、毛皮、羽毛及其制品业	161	34	14	209
木材加工及木竹藤棕草制造业	75	44	27	146
家具制造业	40	4	9	53
造纸及纸制品业	472	181	103	756
印刷业和记录媒介的复制	87	34	30	151
文教体育用品制造业	55	8	1	64
石油加工、炼焦及核燃料加工业	78	90	40	208
化学原料及化学制品制造业	1067	511	428	2006
医药制造业	368	270	159	797
化学纤维制造业	64	22	11	97
橡胶制品业	110	34	34	178
塑料制品业	258	32	24	314
非金属矿物制品业	1058	575	657	2290
黑色金属冶炼及压延加工业	216	135	132	483
有色金属冶炼及压延加工业	181	94	105	380
金属制品业	508	87	59	654
通用设备制造业	403	182	160	745
专用设备制造业	194	133	77	404

续表

行业大类	东部地区	中部地区	西部地区	总计
交通运输设备制造业	291	164	192	647
电气机械及器材制造业	100	61	40	201
通信设备、计算机及其他电子设备制造业	399	102	77	578
仪器仪表及文化、办公用机械制造业	255	47	58	360
工艺品及其他制造业	85	47	22	154
其他制造业	119	16	10	145
电力热力生产和供应业	289	166	69	524
燃气生产和供应业	10	10	1	21
水的生产和供应业	14	4	1	19
总计	9589	4225	3600	17414

资料来源：数据由1999~2012年中国工业企业数据库和中国工业企业污染排放数据库匹配所得。

其次，从迁移类型来看，污染型企业迁移主要发生在区县间，且极少有跨省份迁移。所取样本中仅有72家企业进行了跨省份迁移，可忽略不计，将其简单并入跨地级市迁移中。表1-1的Panel B展示了市际迁移与县际迁移的企业分布。总体上，县际迁移的污染型企业数量相对更多，达到12119家。分地区来看，东部地区的污染型企业迁移行为主要发生在区县间，而西部地区恰恰相反，市际迁移企业数量更多。可能的解释是，东部地区相对发达、竞争激烈，污染型企业进行市际迁移的迁移成本更高，因此，东部地区的企业迁移主要表现为政府规划性的县际迁移，以达到优化产业结构、提高环境质量的目的。

最后，从企业所有制的角度，本土企业的迁移频率更高。根据是否有外资将样本分为本土企业和外资企业两种类型，表1-1中Panel C的结果显示，本土企业迁移的数量远高于外资企业，西部地区的差距最为明显，可能的原因是西部地区的外资企业总量不高。外资企业的大量迁移活动主要发生在东部地区。

二、企业迁移活动的理论分析

如何解释以上这些迁移活动？比较传统的解释源于区位理论，主要分为新古典区位理论、行为区位理论、制度理论和演化理论。新古典区位理论基于完全理性人假设，强调企业通过追求利润最大化和成本最小化来实现最优区位选择。比如史密斯（Smith，1966）提出企业的盈利边界，认为企业在盈利边界内实现利润最大化时的最优区位达到均衡，不会做出迁移决策。但由于现实社会中存在信息不对称现象，完全理性人假设往往不成立，因此，企业也无法进行最优区位选择，故而产生了行为区位理论。行为区位理论认为，企业无法了解全部市场信息，只能结合内部条件以及可获取的有限市场信息进行最优区位选择（Simon，1955）。制度理论指出，企业区位选择也会受到社会和文化内涵的影响（白玫，2005），在研究企业迁移行为时应充分考虑企业所处社会环境和政府政策等非经济因素。此外，演化理论参考达尔文的生物进化论，认为企业早期的区位选择会使企业产生路径依赖，因此，企业在做出迁移决策时往往会选择相似的市场区位以继续沿用积累的丰富经验，而不去探索可能存在潜在风险的最优新区位。这一理论大多基于历史演进视角，难以进行量化分析。20世纪90年代，以克鲁格曼（Krugman）为代表的现代区位理论得到进一步发展。克鲁格曼（1991）的"中心—外围"模型提出，制造业企业为实现规模经济和最小化运输成本，偏好于向中心地区聚集，该模型标志着新经济地理学的形成。鲍德温和奥库伯（Baldwin & Okubo，2006）借鉴梅里兹（Melitz，2003），基于企业异质性贸易模型，开创了新新经济地理学，提出高生产率的企业偏好于向中心迁移，而诸如促进周边地区发展的政府补贴政策会首先促使生产率最低的企业向城市外围迁移（Okubo & Tomiura，2012）。

企业迁移的理论解释在一定程度上揭示了企业迁移的驱动因素。首先，新古典区位理论的利润最大化区位选择过程主要体现为外部因素对企业迁移过程的影响，包括区位的市场规模、经济发展水平、交通基础设施以及要素市场价格等。一般而言，目标区位的规模越大、经济越发达、基础设施越完善、要素价格越低，对企业的吸引力越大。其次，行为区位理论侧重于在不完全信息下企业的内部因素对迁移决策的影响，包括企业规模、企业年龄等（Brouwer，2004）。最后，制度理论则强调政策因素的影响，比如产业政策、土地政策等。近年来，随着环境问题日趋严峻，环境政策也成为驱动企业迁移的不可忽视的因素。在中国特有的制度背景下，越靠近中心城市（省会城市），环境政策的执行力度越强（徐志伟等，2020）。因此，在上述外部因素、内部因素和政策因素的共同驱动下，企业迁移决策的环境表现如何？直觉上，由内部因素或外部因素驱动的企业迁移目的是为满足自身发展需求，以降低生产成本、扩大市场份额并实现技术进步，企业迁移后会进一步改进生产技术、提高生产效率以谋求可持续发展，环境自然会表现得更加友好。而由政策因素驱动的企业迁移，或许会选择规避原有区位较高的环境标准，迁入偏远地区从事大量污染性生产活动。所以，在多种驱动因素的共同作用下，企业迁移的环境表现难以预判，且缺乏相应的理论模型。

笔者认为，企业的迁移过程必然会带来生产行为的调整，进而影响其污染排放的水平。一方面，若企业向中心地区迁移，将面临更为激烈的市场竞争，造成企业调整生产规模、生产策略并进行技术升级以应对市场竞争。向中心地区的聚集也会产生技术外溢效应，同样有利于企业的技术升级。而企业的污染排放主要源于生产环节，在环境问题日益严峻的背景下，政府与社会越来越重视环境质量，促使企业进行绿色技术升级以获取在中心城市的竞争优势。因此，企业向中心迁移有利于污染排放的降低。另一方面，对于向外围地区迁移的企业，由于远离市场，且面临较高的运输成本，容易造成生产规模的降低，最终导致污染排放的减少。据此，本章提出以下假说。

假说1.1：企业迁移会影响其污染排放行为，导致污染排放的下降，我国企业的空间结构调整不会形成"污染避难所"。

相关学者通常将经济活动的环境影响分为规模效应、技术效应和结构效应（Grossman & Krueger，1991）。其中，规模效应是指经济规模的扩张导致污染加剧；技术效应是指通过竞争导致的技术进步使污染排放降低；结构效应是指通过改变经济结构和资源的重新配置，导致环境污染的改变。本章借鉴这一分解方式，认为企业迁移同样会带来生产规模和生产技术的调整，进而影响企业的污染排放。在新新经济地理学背景下，若企业向中心城市迁移，则将面临更加激烈的市场竞争。一方面，原本在外围地区的企业进入中心城市后或将面临市场份额的减少，导致生产规模有所下降；另一方面，企业将进行技术升级以获取竞争优势。若企业向外围地区迁移，虽然竞争程度降低，但市场缩减将导致生产规模下降，运输成本的上升也迫使企业进行技术升级以提高生产效率、降低生产成本。即使企业是为获取迁入地的市场优势而进行的主动迁移，其对迁入地优势的获取也是一个长期的过程，企业无法立刻提升迁移后的绩效表现（吴波和郝云宏，2014），因此，短期内也会面临生产规模下降的问题，并积极进行技术升级。生产规模的下降以及生产技术升级均会在一定程度上导致企业污染排放的降低。据此，本章提出以下假说。

假说 1.2：企业迁移会通过降低生产规模和促进技术升级使企业的污染排放降低。

环境规制强度在空间分布上呈现非均质性，在中国中心城市环境规制强度不断上升（徐志伟等，2020）。此外，相关文献从不同角度论证了环境规制水平提高对企业迁移行为的影响，部分学者认为能够促进企业迁移（沈坤荣等，2017），另有学者认为对企业迁移没有显著影响（Levinson，1996）。但无论如何，这些研究均说明了环境规制的空间分布特点，一般而言，越靠近中心城市，企业受到的政府环境约束越强。同理，中心城市人口密度大，对居住和生活的环境质量要求更高，且相对于周边地区对污染排放的代谢能力较差，因此，企业应承担更多的社会责任来改善环境。据此，本章提出以下假说。

假说 1.3：企业迁移通过改变企业受到的政府环境约束和面临的社会责任诉求来影响污染排放，向中心迁移的企业将承担更高的政府环境约束和社会责任，从而降低污染排放。

第三节 企业迁移环境效应的模型构建

一、模型设定

为了识别企业迁移对其污染排放的影响,一种简单的做法是基于OLS模型对比企业迁移后与迁移前污染排放的差异,但这种做法会产生内生性问题。首先,企业迁移和污染排放均为企业自身行为,易受企业内部人员结构、资本结构、经营绩效等一系列因素的影响,因此,不排除存在内部因素同时影响企业迁移和污染排放的可能,造成遗漏变量偏误。其次,企业迁移会通过改变其生产效率、技术水平和受到的政府约束等来影响污染排放,反之,随着地区环境标准的不断提升,污染排放较大的企业可能面临更高的生产成本而被迫转移至环境标准较低的地区,企业迁移及其污染排放存在反向因果关系。为解决内生性问题,又考虑到企业迁移的发生时间具有异质性,本章参考贝克等(Beck et al., 2010)构建多期双重差分模型(Time-varying DID),具体设定如下:

$$Emission_{it} = \alpha + \beta D_{it} + \delta X + A_i + B_t + \varepsilon_{it} \quad (1.1)$$

其中,因变量$Emission_{it}$表示第t年i企业的污染排放,后文的基准回归中以二氧化硫排放量来表示;核心解释变量D_{it}代表企业迁移;X代表一系列控制变量,包括企业产出、企业规模、能源消耗、用工成本,以及地区层面的生产总值、产业结构和科研投入,后文对变量进行了详细说明;A_i为一组企业虚拟变量,代表个体固定效应,用于控制个体层面不随时间变化的不可观测因素对企业污染排放的影响;B_t为一组年份虚拟变量,代表年份固定效应,用于控制时间趋势;ε_{it}为随机误差项。β是本章主要关心的系数,衡量企业迁移前后的污染排放的平均处理效应。若系数为正,则企业迁移后的污染排放提高,从微观层面验证"污染避难所"假说；若系数为负，则表明企业迁移后的污染排放降低。

二、数据来源

本章主要使用四个微观数据集：中国工业企业数据库、中国工业企业污染排放数据库、《中国城市统计年鉴》以及中国工业企业经纬度信息，样本区间为1999~2012年。

（一）中国工业企业数据库

中国工业企业数据库包括全部国有及规模以上非国有工业企业的基本信息和财务数据，该套数据的可靠性已在以往研究中得到大量验证。本章参考聂辉华等（2012）的方法对异常值进行处理，包括删除总资产、固定资产、工业总产值等为负值的样本，删除从业人员小于8的样本，以及删除总资产小于流动资产、总资产小于固定资产净值和累计折旧小于当期折旧等不符合会计准则的样本。

（二）中国工业企业污染排放数据库

中国工业企业污染排放数据库包括排污总量占各地区排放85%以上的工业企业，包含详细的企业主要污染物排放和处理指标，如二氧化硫、工业废气、工业废水、工业粉尘的排放量和去除量等。目前，已发表的文献中较少使用中国工业企业污染排放数据库，考虑到各类污染排放量由企业自行上报，不免会有企业瞒报的疑虑，因此，陈登科（2020）通过描绘二氧化硫排放量与其他变量的相关关系详细论证了该数据库的可靠性。本章对数据库中的异常值进行处理，比如删除污染物排放量小于0的样本，删除明显的离群值等。在此基础上，参考韩超（2020）根据企业代码对中国工业企业数据库和中国工业企业污染排放数据库进行初步匹配，对于未成功匹配的数据再根据企业名称进行二次匹配，得到本章主要使用的数据集。

（三）《中国城市统计年鉴》

《中国城市统计年鉴》包含中国城市社会经济发展的各项指标，将历年统计年鉴数据进行手工摘录后，通过城市行政区划代码与上述企业数据库进行匹配，获取企业所在城市的地区生产总值、产业结构、财政支出等信息，在后文中作为控制变量引入实证模型。

（四）中国工业企业经纬度信息

为准确识别企业迁移的方向和距离，首先，参考徐志伟（2020）根据上述匹配数据库中工业企业的具体地址手动获取其经纬度信息 $L_i(l_{1i}, l_{2i})$，其中，l_{1i} 和 l_{2i} 分别表示企业 i 的经度和纬度。其次，使用同样的方法识别出企业所在省份的省会城市对应的经纬度信息 $L_s(l_{1s}, l_{2s})$。由于企业与省会城市的空间距离相对较近，可忽略经纬度的球面距离差异，因此，企业与省会城市的距离可近似表示为 $D_{is}=\sqrt{(l_{1i}-l_{1s})^2+(l_{2i}-l_{2s})^2}$，在后文中将作为政府约束与社会责任的代理变量引入模型。

三、变量选取

（一）企业迁移

企业迁移（D_{it}）是主要关注的解释变量，以往研究大多从地区或行业中观层面考察企业迁移现象，以地区新增企业数量构建企业选址或迁移指标，但从微观层面识别企业迁移的研究较少。本章根据企业六位行政区划代码的变化识别企业迁移，若企业的行政区划代码在某一年发生变化，则此年份之后的每一年 D_{it} 均取值为 1，其他取值为 0，由此可通过实证模型中该变量的系数判断企业迁移前后污染排放的平均变化。此外，行政区划代码中的每两位分别代表省、市和区县，据此可精准区分企业的省际迁移、市际迁移和区县间迁移，为后文的异质性分析提供数据基础。需要特别说明的是，我国的六位行政区划代码每年会存在个别调整，但大多涉及行政区划的变动，包括撤县改市、撤县设区、边界调整等。例如，1999年，北京市撤销昌平县设立昌平区，行政区划代码由110221变为110114；2011年，安徽省撤销地级巢湖市，设立合肥市代管县级市，行政区划代码由341400变为340181。这种情况下，虽然企业实际地理位置未发生变动，但由于其所属地区行政层级的变化，企业所处地区环境以及来自政府与社会的环境约束均有所改变，自然也会对其污染排放行为产生影响。本章的稳健性检验部分也对涉及行政区划代码调整的企业进行了剔除，得到的结果依然稳健。

（二）污染排放

污染排放指标是指被解释变量，本章结合数据基础并参考相关文献构建以下指标。(1) 二氧化硫排放量（SO_2）。二氧化硫是企业排放的代表性污染物之一，国内外相关文献中大多以二氧化硫排放量作为研究企业层面污染排放水平的代理变量（Cherniwchan，2017；韩超等，2020；陈登科，2020），本章在基准回归中采用二氧化硫排放量的对数值。(2) 二氧化硫排放强度。研究二氧化硫排放强度有助于进一步理解企业污染排放总量改变的驱动因素，排放强度降低可证明企业通过改变生产活动或进行技术升级使生产环节更加清洁（Cherniwchan，2017）。本章采用企业的二氧化硫排放量与工业总产值之比取对数来衡量二氧化硫排放强度。(3) 工业废水排放量、工业废气排放量、化学需氧量排放量、烟尘排放量。将其他污染物用作稳健性分析，其中，工业废水、工业废气和烟尘均由企业直接排放，化学需氧量是指化学氧化剂氧化水中有机物的耗氧量，可代表水中有机污染物的污染程度。本章分别以各类污染物排放量的对数值来衡量。以上主要污染物的描述性统计如表1-3所示。

表1-3　　　　主要污染物排放量的描述性统计

主要污染物	观测值	均值	标准差	25%分位	75%分位	90%分位
二氧化硫（吨）	363708	181.786	1183.096	2.526	63	232.960
工业废气（万标立方米）	361636	37094.040	200187.600	329	10024	51660

续表

主要污染物	观测值	均值	标准差	25%分位	75%分位	90%分位
废水（千吨）	326476	302.725	1195.927	3.936	157.787	597.128
烟尘（吨）	315062	88.462	672.124	0.546	24	102.900
化学需氧量排放量（吨）	291339	74.862	570.536	0.160	19	88.560

资料来源：根据样本数据计算所得。

（三）企业性质

考虑到企业的污染排放与企业自身性质和生产活动密切相关，选取以下企业层面控制变量引入模型。（1）企业产出（ln$totaloutput$）。企业的污染排放主要源于生产环节，一般而言，企业的产出水平越高，则污染排放量越大。本章选取企业工业总产值来衡量企业产出水平。（2）企业规模（ln$totalasset$）。一方面，企业规模越大，产出越高，从而污染排放量也更大；另一方面，企业达到一定规模后才能拥有现代化生产工艺和减排技术（马红旗，2018），提高能源利用效率，有利于减少污染排放。本章采用企业总资产来衡量企业规模。（3）能源消耗（ln$coal\_consum$）。相关文献已证明，节能政策会产生减排协同效应，使污染物排放量降低（Burtraw et al.，2003；韩超，2020），本章假设企业的能源消耗水平会直接影响其二氧化硫排放量，通过企业的煤炭消费总量来衡量。（4）用工成本（ln$laborcost$）。企业用工成本是影响其生产活动的关键因素，有可能会对污染排放水平产生影响。本章参考刘啟仁（2020）的研究，使用企业工资总额除以从业人员数来衡量。以上企业层面控制变量均取对数后纳入基准回归方程。

（四）地区经济社会环境

进一步选取地区层面变量，以控制企业所在地区的经济社会环境对企业行为的影响。（1）地区人口密度（ln$popu\_dens$），以城市统计年鉴中的地区人口密度（人/平方公里）取对数来衡量。（2）地区生产总值

（lnGDP），将城市统计年鉴中的地区生产总值取对数来衡量。（3）地区产业结构（S_GDP），以第二产业占地区生产总值的比重衡量。（4）地区科研投入（rd），科研投入对地区的科技水平有直接影响，而先进的生产与减排技术有利于降低污染排放。通过计算教育事业费支出和科学事业费支出占地区财政预算内支出的比重来构建地区科研投入指标。全部控制变量的描述性统计如表1-4所示。

表1-4　　　　　　主要控制变量的描述性统计

变量	观测值	均值	标准差	最小值	最大值
ln$totaloutput$	363708	8.059	1.887	0	17.855
ln$totalasset$	363708	10.815	1.613	0	19.367
ln$coal\_consum$	363708	6.352	3.526	0	15.737
ln$laborcost$	197966	2.495	0.586	0	11.226
ln$popu\_dens$	319763	6.031	0.744	1.548	9.356
lnGDP	319670	16.038	1.003	12.238	18.725
rd	319495	0.195	0.056	0.016	0.497
S_GDP（100%）	319488	50.270	8.958	9	90.970

资料来源：根据样本数据计算所得。

第四节　企业迁移环境效应的实证分析

一、实证结果分析

（一）基准回归结果

表1-5报告了本章构建的多期双重差分模型的基准回归结果。第（1）列未加入控制变量，按照双重差分模型的基本设定控制了企业与年

份固定效应后发现,主要解释变量 D_{it} 的系数为负但并不显著。这一结果不具有参考性,因为企业性质、地区环境以及众多不可观测因素均可能对企业迁移的污染排放效应产生影响。第(2)列在此基础上加入企业产出、企业规模和能源消耗等企业层面控制变量,并同时控制了企业与年份固定效应后,D_{it} 的系数显著为负,即企业迁移后二氧化硫排放量显著降低,说明企业迁移具有减排效应。此外,控制变量的系数也符合基本认知,即企业产出越高、规模越大、煤炭使用量越大,则二氧化硫排放量越大。第(3)列进一步控制用工成本后对结果没有影响,D_{it} 的系数依然显著为负。考虑到企业所在城市的经济社会环境可能会对企业行为产生影响,表1-5第(4)至第(5)列中加入地区人口密度、地区生产总值、产业结构和科研投入控制变量。此外,为排除行业间和地区间不随时间变化的不可观测因素的影响,进一步控制行业固定效应和地区固定效应,结果 D_{it} 的符号和显著性均未发生改变。因此,企业迁移会对其污染排放产生显著的负向影响。

表 1-5　　企业迁移对二氧化硫排放量的影响(基准回归)

变量	(1)	(2)	(3)	(4)	(5)
D_{it}	-0.033 (-1.085)	-0.120*** (-4.978)	-0.175*** (-5.493)	-0.203*** (-6.064)	-0.204*** (-6.109)
ln*totaloutput*		0.044*** (10.994)	0.045*** (8.852)	0.044*** (7.847)	0.043*** (7.772)
ln*totalasset*		0.067*** (9.349)	0.060*** (5.676)	0.061*** (5.469)	0.061*** (5.490)
ln*coal_consum*		0.851*** (118.323)	0.880*** (99.501)	0.886*** (93.755)	0.886*** (93.667)
ln*laborcost*			-0.050*** (-4.000)	-0.049*** (-3.748)	-0.048*** (-3.738)
ln*popu_dens*				-0.478*** (-5.432)	-0.492*** (-5.564)

续表

变量	(1)	(2)	(3)	(4)	(5)
ln*GDP*				-0.456*** (-5.840)	-0.468*** (-6.007)
rd				-0.253* (-1.802)	-0.257* (-1.830)
S_GDP				0.000 (0.051)	0.000 (0.076)
常数项	8.732*** (558.046)	2.388*** (29.503)	2.326*** (20.404)	11.722*** (8.374)	11.914*** (8.658)
企业固定效应	是	是	是	是	是
年份固定效应	是	是	是	是	是
行业固定效应	否	否	否	是	是
地区固定效应	否	否	否	否	是
样本数	363708	363708	197966	171138	171138
调整 R^2	0.010	0.470	0.467	0.474	0.474

注：(1) 括号内数值为稳健标准误；(2) ***、* 分别表示在1%、10%的显著性水平上显著。

（二）有效性检验

为验证双重差分模型设定的有效性，本章进行了同趋势假设检验，结果如表1-6所示。同趋势假设是使用双重差分法的前提，即要求未受到政策冲击时处理组与对照组的发展趋势相同，因此，需将处理组与各个年份的交乘项同时加入模型中，若政策发生年份前的各交乘项系数均不显著，而政策发生后的交乘项系数显著，则可证明本章的基本模型设定符合同趋势假设。根据此逻辑，本章采用如下方式构建处理组与各年份的交乘项：对于处理组企业，即发生迁移的企业，$Treat_i$ 取值为1，控制组企业取值为 0；若企业 i 在年份 t 发生迁移，则 $Year_t$ 取值为 1，反之为 0，因此，处理组企业与企业迁移当期年份的交互项为 $Treat_i \times Year_t$。在此基础上，进一步生成处理组企业与其迁移年份滞后 n 期 $Year_{t-n}$（$n=1$，2，…，5）的五个交乘项，以及与迁移年份前推 n 期 $Year_{t+n}$（$n=1$，2，…，5）的五个交乘项。需要特别说明的是，由于企业迁移的年份各不相同，因此，其迁移年份的滞后期与前推期的区间具有差异。例如，若企业 a 的存续时间为 2001～2010 年，在 2007 年发生过迁移，则其迁移年份可滞后 6 期、前推 3 期；同理，若企业 b 在 2002 年发生迁移，则迁移年份可滞后 1 期、前推 8 期。本章测算出所有企业迁移年份可滞后与前推的期数后，选取样本分布量较大的滞后与前推各 5 期，进行有效性检验，因为 5 期已足够反映处理组与对照组的平行趋势情况。如表 1-6 第（1）列所示，为防止出现多重共线性问题，排除了年份滞后 1 期的交乘项，并加入全部企业和地区层面控制变量，以及基本的企业与年份固定效应。结果显示，滞后期交乘项的系数均不显著，且企业迁移当期年份、前推期年份的交乘项系数均显著为负。因此，综合来看，在企业迁移影响其污染排放的模型中，处理组与对照组符合同趋势假设。为更加直观，根据第（1）列估计结果绘制多期动态效应图，如图 1-2 所示。从图中可以看出，企业迁移年份滞后期的交乘项系数均不显著，从迁移当期开始的交乘项系数均显著小于 0。为进一步检验同趋势假设的稳健性，表 1-6 第（2）至第（4）列控制了更为严格的固定效应。其中，第（2）列控制行业固定效应；第（3）列加入"年份×行业固定效应"以防止随时间和行业变化的不可观测因素干扰，如不同行业的环境约束动态调整可能会对企业的污染排放产生影响；第（4）列加入"年份×地区固定效应"以控制随时间和地点变化的不可观测因素，如不同省份在各年份出台的环境政策可能会影响企业的污染排放。在控制更为严格的固定效应后发现，企业迁移年份滞后期的交乘项系数依然不显著，有力地证明了本章模型设定的有效性。

表1-6　　　　　　　多期 DID 设定的有效性检验

变量	(1) 同趋势假设	(2) 行业固定效应	(3) 年份×行业固定效应	(4) 年份×地区固定效应
$Treat_i \times Year_{t-5}$	-0.093 (-1.152)	-0.079 (-0.984)	-0.095 (-1.178)	-0.122 (-1.520)
$Treat_i \times Year_{t-4}$	-0.015 (-0.209)	0.013 (0.188)	-0.010 (-0.137)	-0.060 (-0.830)
$Treat_i \times Year_{t-3}$	-0.053 (-0.784)	-0.033 (-0.487)	-0.053 (-0.777)	-0.086 (-1.268)
$Treat_i \times Year_{t-2}$	-0.003 (-0.068)	-0.024 (-0.636)	-0.006 (-0.146)	-0.012 (-0.319)
$Treat_i \times Year_t$	-0.172*** (-4.867)	-0.137*** (-3.941)	-0.167*** (-4.738)	-0.119*** (-3.344)
$Treat_i \times Year_{t+1}$	-0.211*** (-5.215)	-0.152*** (-3.817)	-0.201*** (-4.987)	-0.089** (-2.185)
$Treat_i \times Year_{t+2}$	-0.309*** (-7.085)	-0.246*** (-5.824)	-0.296*** (-6.787)	-0.172*** (-3.903)
$Treat_i \times Year_{t+3}$	-0.440*** (-7.985)	-0.369*** (-7.053)	-0.415*** (-7.545)	-0.256*** (-4.731)
$Treat_i \times Year_{t+4}$	-0.609*** (-9.579)	-0.527*** (-8.768)	-0.585*** (-9.263)	-0.356*** (-5.710)
$Treat_i \times Year_{t+5}$	-0.172* (-1.652)	-0.119 (-1.151)	-0.160 (-1.538)	0.109 (1.040)
ln$totaloutput$	0.046*** (8.204)	0.044*** (7.870)	0.046*** (8.127)	0.039*** (7.060)
ln$totalasset$	0.067*** (5.893)	0.057*** (5.201)	0.055*** (4.880)	0.056*** (5.037)
ln$coal\_consum$	0.880*** (91.360)	0.886*** (94.032)	0.879*** (91.366)	0.882*** (92.657)
ln$laborcost$	-0.053*** (-4.019)	-0.047*** (-3.661)	-0.057*** (-4.312)	-0.044*** (-3.300)
ln$popu\_dens$	-0.454*** (-5.159)	-0.469*** (-5.348)	-0.464*** (-5.182)	-0.655*** (-7.118)
lnGDP	-0.425*** (-5.482)	-0.411*** (-5.324)	-0.430*** (-5.524)	-0.275*** (-2.927)

续表

变量	（1）同趋势假设	（2）行业固定效应	（3）年份×行业固定效应	（4）年份×地区固定效应
rd	-0.308** (-2.175)	-0.264* (-1.869)	-0.248* (-1.750)	0.216 (1.328)
S_GDP	-0.002 (-0.902)	-0.000 (-0.053)	-0.002 (-1.094)	-0.006** (-2.492)
常数项	11.628*** (9.042)	10.997*** (7.930)	11.517*** (8.157)	10.447*** (6.991)
企业固定效应	是	是	是	是
年份固定效应	是	是	是	是
行业固定效应	否	是	否	否
地区固定效应	否	否	否	否
样本数	171138	171138	171138	171138
调整 R^2	0.470	0.475	0.472	0.477

注：（1）括号内数值为稳健标准误；（2）***、**、* 分别表示在1%、5%、10%的显著性水平上显著。

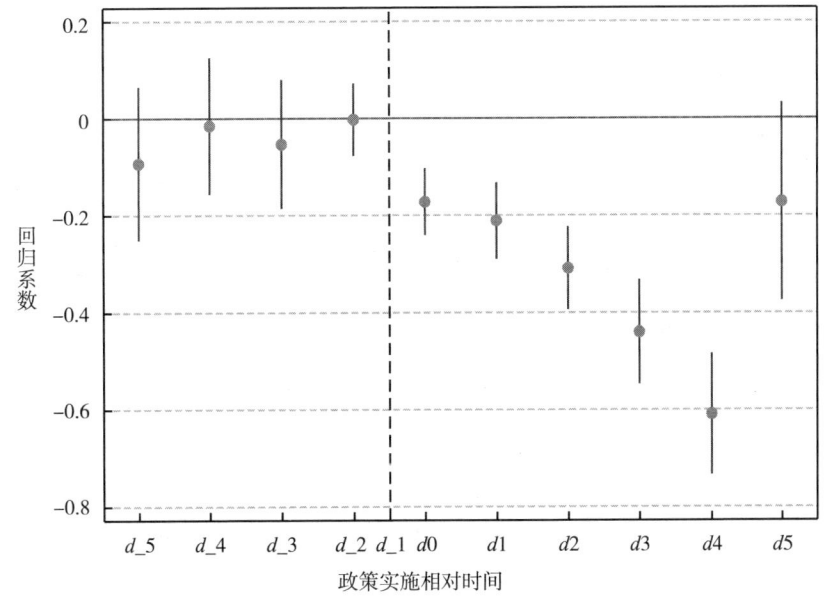

图 1-2 同趋势假设动态效应

注：d_2 至 d_5 分别表示政策实施前 2~5 期，d_1 为参考基期，$d0$ 至 $d5$ 表示政策实施当期至第 5 期。

(三) 工具变量检验

为进一步减轻内生性问题的影响，本章采用工具变量检验的方法。根据组织间关系理论，任何企业或组织的生产经营活动都对外在环境或企业组织之间关系存在一定的依赖性（Oliver C., 1990）。相关研究发现，企业管理中存在"羊群效应"或"从众行为"（Lieberman & Asaba, 2006；李佳宁和钟田丽, 2020），企业的决策会存在组织间相互模仿的现象（黄凯南和乔元波, 2018；杨海生等, 2020）。基于此，本章认为，企业在决定是否进行迁移时，也会受到同地区或同行业其他企业上一年度迁移趋势的影响。当同一区域或行业内，企业迁移成为一种趋势后，越来越多的企业会参与学习和效仿。因此，本章构建了企业所在地级市所有企业上一年度迁移比例（mig_city）和企业所在行业上一年度迁移比例（mig_ind）作为工具变量。这一变量不会与企业的排污活动直接相关，但却与本企业迁移活动存在很强的相关性，可以认为是合适的工具变量。表1-7显示了工具变量检验的结果，在第（1）列和第（3）列的第一阶段回归结果中，所在行业或地级市上年度企业迁移比例与当年企业迁移呈显著正相关关系，证实了企业迁移决策受到同区域内同行业其他企业迁移的显著影响。同时，两个工具变量的F值为分别为171.53和1390.40，也证实了工具变量 mig_city 和 mig_ind 的外生性。表1-7的第（2）列和第（4）列显示了第二阶段回归的结果，企业迁移的系数显著为负。因此，考虑了企业迁移可能存在的内生性问题之后，该结果依然显著。

表1-7　　　　企业迁移污染效应的工具变量检验

变量	mig_ind		mig_city	
	(1)	(2)	(3)	(4)
	第一阶段	第二阶段	第一阶段	第二阶段
	D_{it}	$\ln SO_2$	D_{it}	$\ln SO_2$
D_{it}		-1.501***		-1.048***
		(-2.622)		(-5.177)

续表

变量	mig_ind		mig_city	
	(1) 第一阶段 D_{it}	(2) 第二阶段 $\ln SO_2$	(3) 第一阶段 D_{it}	(4) 第二阶段 $\ln SO_2$
mig_ind	0.412*** (12.837)			
mig_city			0.250*** (39.483)	
企业控制变量	是	是	是	是
地区控制变量	是	是	是	是
企业固定效应	是	是	是	是
年份固定效应	是	是	是	是
样本数	103320	87432	103320	87432
调整 R^2	0.0875	0.160	0.125	0.169

注：(1) 括号内数值为稳健标准误；(2) ***表示在1%的显著性水平上显著。

二、影响机制

上文的估计结果已表明，企业迁移对其污染排放有显著的负向影响，那么，这种减排效应通过何种机制实现？目前，尚未形成权威的理论模型推导企业迁移和环境污染的关系，但是，可以借鉴其他领域的研究思路，比如相关学者将贸易对环境污染的影响分为规模效应、技术效应和结构效应（Grossman & Krueger，1991）。本章受此启发，试图分析企业迁移是否会通过生产规模改变和技术升级影响其污染排放。此外，企业迁移会直接带来空间位置的改变。企业所属的空间位置不同，受到的政府约束和承担的社会责任有所不同，因此，本章预测企业迁移会通过改变企业受到的来自政府和社会的约束而改变污染排放行为。

(一) 技术效应和规模效应

表1-8对本章提出的假说1.2进行了验证,即企业迁移会通过降低生产规模和促进技术升级使企业的污染排放降低。首先,本章以二氧化硫排放强度作为生产技术的代理变量,若二氧化硫排放强度降低,证明企业采用了更加环保的生产技术,进而有利于污染排放总量的降低。有关技术效应的回归结果如表1-8第(1)列所示,以二氧化硫排放强度为被解释变量后,D_{it}的系数显著为负,说明企业迁移显著降低了企业的污染排放强度,产生技术升级效应。可能的原因是向中心城市迁移的企业将面临更加激烈的市场竞争,而向外围地区迁移的企业将面临运输成本的上升和市场规模的缩减,两种情形下均有可能迫使企业进行技术升级以获取竞争优势。其次,第(2)列对规模效应进行了验证,以企业总产值作为被解释变量后发现,企业迁移使企业总产值显著降低。企业迁移后面临生存环境的改变,一方面,向中心地区迁移的污染型企业因市场竞争加剧和缺乏竞争优势而降低产量;另一方面,向外围地区迁移的污染型企业因丧失区位优势、运输成本上升,导致生产规模缩减。总体来看,生产技术的升级和生产规模的降低均会导致企业污染排放的下降。最后,为了进一步验证企业迁移是否通过污染治理而非技术升级导致的排放下降,表1-8第(3)列以企业二氧化硫去除量作为被解释变量进行验证,D_{it}的系数不显著,说明企业迁移对企业的污染治理技术未产生影响,侧面说明技术升级是企业迁移导致污染排放降低的传导机制。

表1-8　　　　　机制检验(技术效应和规模效应)

变量	(1) 二氧化硫排放强度	(2) 企业总产值	(3) 二氧化硫去除量
D_{it}	-0.105*** (-4.714)	-0.087*** (-3.371)	0.082 (1.222)
企业控制变量	是	是	是

续表

变量	（1）二氧化硫排放强度	（2）企业总产值	（3）二氧化硫去除量
地区控制变量	是	是	是
企业固定效应	是	是	是
年份固定效应	是	是	是
行业固定效应	是	是	是
地区固定效应	是	是	是
样本数	141114	171138	140334
调整 R^2	0.355	0.068	0.103

注：（1）括号内数值为稳健标准误；（2）***表示在1%的显著性水平上显著。

（二）政府约束和社会责任

新新经济地理学理论指出，在城市化进程中，高生产率的企业向中心聚集，会面临更激烈的市场竞争并获取市场与交通优势，与此同时，低生产率的企业迁移至外围区域。本章认为，企业迁移会改变企业所面临的政府环境约束与社会责任。一般而言，环境规制强度具有非均质的空间分布特点，省会城市是全省的政治中心，越靠近省会城市面临的环境规制就越严格，且省会城市人口密度大，居民对居住和生活的环境质量有更高的要求，导致企业承担的社会责任大大提高。据此，本章使用经纬度信息计算企业到省会城市的距离，并参考徐志伟（2020）以工业污染治理投资金额与企业到省会距离的比值作为政府约束和社会责任的代理变量，表1-9第（1）至第（3）列以政府环境约束与社会责任为被解释变量，第（1）列的回归结果显示，企业迁移后受到的来自政府与社会的环境约束明显提高，从而导致其污染排放的下降，这一结果验证了本章的假说1.3。

为了进一步验证企业迁移到外围地区后所受到的环境约束是否会有所下降，即企业能否通过远离城市中心来躲避环境规制，本章按照到所属地级市距离的变化将样本企业分为中心迁移型和外围迁移型。表1-9

第（2）列以中心迁移型企业为处理组，其他企业为对照组进行回归，D_{it} 的系数显著为正，说明中心迁移型企业面临更高的政府环境约束与社会责任，这一结果符合我们的基本认知。第（3）列则仅以外围迁移型企业为处理组，主要解释变量的系数不显著，说明即使企业向城市外围迁移，其受到的环境约束也不会有显著变化。综合第（1）至第（3）列的结果，中心迁移型的企业由于承担更严格的政府约束和社会责任导致污染排放的下降，而外围迁移型企业的污染排放下降主要通过上文所述的规模与技术效应实现。进一步，表1-9第（4）至第（5）列以二氧化硫排放量为被解释变量，分别以中心迁移和外围迁移型企业为处理组进行回归，D_{it} 的系数显著为负，企业迁移后的二氧化硫排放量均显著降低。综上所述，外围迁移型企业主要通过规模和技术的负向效应导致污染排放总量的降低，而中心迁移型企业在此基础上还会承担更加严格的政府约束与社会责任。

表1-9　　　　　机制检验（政府约束与社会责任）

变量	(1)	(2)	(3)	(4)	(5)
	政府约束与社会责任			二氧化硫排放量	
	全部企业	中心迁移	外围迁移	中心迁移	外围迁移
D_{it}	4.805** (2.194)	8.421*** (3.390)	3.804 (1.346)	-0.163*** (-3.947)	-0.214*** (-5.275)
企业控制变量	是	是	是	是	是
地区控制变量	是	是	是	是	是
企业固定效应	是	是	是	是	是
年份固定效应	是	是	是	是	是
行业固定效应	是	是	是	是	是
地区固定效应	是	是	是	是	是
样本数	171138	171138	171138	171138	171138
调整 R^2	0.023	0.023	0.023	0.474	0.474

注：(1) 括号内数值为稳健标准误；(2) ***、** 分别表示在1%、5%的显著性水平上显著。

（三）其他稳健性检验

前面得到的基本结论是，企业迁移会显著降低企业污染排放，且通过了同趋势假设检验。为保证这一结论的可靠性，本章进一步设计了一系列稳健性检验，结果如表 1-10 所示。一是更换被解释变量。企业排放的主要污染物除二氧化硫外，还包括其他工业废气、工业废水、有机污染物（以化学需氧量表示）、烟尘等，因此，本章分别用以上四种污染物作为被解释变量进行稳健性检验，并控制最严格的固定效应，结果如表 1-10 第（1）至第（4）列所示。结果显示，企业迁移会使企业的工业废气、工业废水、化学需氧量和烟尘排放量均显著降低，有效证明了企业迁移可以带来减排效应，使企业生产更加清洁。二是缩尾处理。本章对企业的二氧化硫排放量排序后进行了右侧 1% 缩尾处理，排除可能存在的异常值对估计结果产生的影响，第（5）列的估计结果依然稳健。三是删除销售额 500 万元以下企业。周茂等（2018）提出中国工业企业数据库仅包含国有企业和销售额在 500 万元以上的非国有企业样本（2010 年后调整为 2000 万元以上非国有企业），而销售额在 500 万元以下的中小型非国有企业的缺失易导致估计有偏。因此，本章尝试排除全部销售额在 500 万元以下企业以观察是否会对估计结果产生影响。第（6）列中主要解释变量的系数依然显著为负。四是删除涉及地区行政区划代码调整的企业。第（7）列剔除了由于撤县设区导致的地区行政区划代码调整，而企业实际地理位置未发生改变的样本，结果稳健。

表 1-10　　　　　　　　其他稳健性检验

变量	(1) 工业废气	(2) 工业废水	(3) 化学需氧量	(4) 烟尘	(5) 缩尾处理	(6) 500万元以上	(7) 撤县设区
D_{it}	-0.183 *** (-5.547)	-0.225 *** (-4.899)	-0.332 *** (-7.051)	-0.219 *** (-5.823)	-0.203 *** (-6.092)	-0.202 *** (-5.967)	-0.191 *** (-5.661)
lntotaloutput	0.081 *** (14.516)	0.175 *** (20.039)	0.150 *** (18.208)	0.025 *** (4.144)	0.043 *** (7.703)	0.042 *** (7.439)	0.043 *** (7.702)
lntotalasset	0.114 *** (11.161)	0.163 *** (6.806)	0.156 *** (6.953)	0.024 (1.620)	0.060 *** (5.397)	0.063 *** (5.461)	0.060 *** (5.451)

续表

变量	(1) 工业废气	(2) 工业废水	(3) 化学需氧量	(4) 烟尘	(5) 缩尾处理	(6) 500万元以上	(7) 撤县设区
ln*coal_consum*	0.594 *** (74.978)	0.134 *** (19.223)	0.115 *** (17.238)	0.792 *** (84.167)	0.884 *** (93.366)	0.881 *** (92.049)	0.887 *** (93.736)
ln*laborcost*	−0.018 (−1.537)	−0.000 (−0.023)	0.012 (0.580)	−0.031 * (−1.956)	−0.049 *** (−3.783)	−0.054 *** (−4.022)	−0.050 *** (−3.876)
ln*popu_dens*	−0.350 *** (−4.541)	−0.459 *** (−5.076)	−0.699 *** (−6.917)	−0.000 (−0.004)	−0.492 *** (−5.571)	−0.509 *** (−5.534)	−0.490 *** (−5.543)
ln*GDP*	−0.220 *** (−2.993)	−0.021 (−0.227)	−0.028 (−0.259)	−0.433 *** (−4.759)	−0.468 *** (−6.001)	−0.473 *** (−5.975)	−0.484 *** (−6.186)
rd	−0.130 (−1.066)	−0.177 (−0.809)	−0.621 ** (−2.570)	−0.299 (−1.575)	−0.252 * (−1.801)	−0.266 * (−1.835)	−0.315 ** (−2.219)
S_GDP	−0.003 * (−1.730)	0.003 (0.954)	0.001 (0.242)	−0.003 (−1.059)	0.000 (0.072)	0.000 (0.153)	0.000 (0.196)
常数项	6.529 *** (5.142)	10.429 *** (6.537)	9.081 *** (5.078)	9.641 *** (6.180)	11.952 *** (8.693)	12.011 *** (8.563)	12.122 *** (8.790)
企业固定效应	是	是	是	是	是	是	是
年份固定效应	是	是	是	是	是	是	是
行业固定效应	是	是	是	是	是	是	是
地区固定效应	是	是	是	是	是	是	是
样本数	169953	160508	158105	165997	171138	166623	170872
调整 R^2	0.361	0.0366	0.0479	0.305	0.474	0.471	0.475

注：(1) 括号内数值为稳健标准误；(2) ***、**、* 分别表示在1%、5%、10%的显著性水平上显著。

三、异质性分析

（一）迁移类型

企业迁移的范围不同，表现出的对环境的影响可能会有所差异。将样本中的迁移企业分为市际迁移和县际迁移进行分样本回归，结果如表1-11第（1）至第（2）列所示。第（1）列以跨地级市的迁移企业作为处理组，以未发生迁移的企业作为对照组；第（2）列以同一地级市、不同区县间的迁移企业作为处理组，以未发生迁移的企业作为对照组，分别进行回归分析。结合我国企业迁移特有的驱动因素，市际和省际迁移涉及的迁移范围较广，迁移的机会成本更高，因此，大多是企业为满足自身发展需求、扩大范围和规模而进行的自发性迁移。相反，县际迁移的移动范围较小，其为企业带来的外部环境或发展空间的变化也相对较小，因此，县际迁移大多是企业为满足地级市产业结构空间布局的需要或为达到城市中心的环境质量标准而进行的"被动"迁移。上述两种迁移类型的分样本回归结果显示，无论市际迁移还是县际迁移，均会导致企业的污染排放有所下降，即无论企业自发迁移还是受产业空间布局驱动的"被动"迁移，均会带来环境质量的整体改善。

表1-11　　　　　　异质性分析（迁移类型、企业所有制）

变量	（1）市际迁移	（2）县际迁移	（3）本土企业	（4）外资企业	（5）外资>50%
D_{it}	-0.529* (-1.819)	-0.198*** (-5.881)	-0.181*** (-4.970)	-0.182** (-2.440)	-0.221** (-2.437)
$\ln totaloutput$	0.030*** (5.028)	0.043*** (7.647)	0.032*** (5.408)	0.064*** (4.855)	0.064*** (4.054)
$\ln totalasset$	0.036*** (3.083)	0.062*** (5.534)	0.055*** (4.068)	0.099** (2.344)	0.125** (2.286)
$\ln coal\_consum$	0.948*** (89.744)	0.886*** (93.013)	0.924*** (90.648)	0.725*** (30.036)	0.623*** (21.191)
$\ln laborcost$	-0.012 (-0.890)	-0.047*** (-3.632)	-0.041*** (-2.941)	-0.069* (-1.942)	-0.068 (-1.508)
$\ln popu\_dens$	-0.168 (-1.231)	0.509*** (-5.719)	-0.138 (-1.467)	-0.706*** (-4.770)	-0.845*** (-5.385)
$\ln GDP$	-0.095 (-1.111)	-0.538*** (-6.903)	-0.222*** (-2.820)	-1.094*** (-5.877)	-1.131*** (-5.314)
rd	-0.189 (-1.117)	-0.295** (-2.110)	-0.403*** (-2.667)	0.325 (0.853)	0.635 (1.313)

续表

变量	(1) 市际迁移	(2) 县际迁移	(3) 本土企业	(4) 外资企业	(5) 外资>50%
S_GDP	-0.004* (-1.857)	0.000 (0.221)	-0.004** (-2.091)	0.009 (1.365)	0.012 (1.458)
常数项	4.701*** (2.934)	13.156*** (9.441)	5.874*** (3.893)	27.151*** (7.466)	25.819*** (7.333)
企业固定效应	是	是	是	是	是
年份固定效应	是	是	是	是	是
行业固定效应	是	是	是	是	是
地区固定效应	是	是	是	是	是
样本数	132034	168945	138910	31044	20291
调整 R^2	0.521	0.473	0.525	0.303	0.235

注：(1) 括号内数值为稳健标准误；(2) ***、**、*分别表示在1%、5%、10%的显著性水平上显著。

（二）外资占比

根据企业所有制的不同进行异质性检验是研究微观企业行为的常用方法。一方面，外资占比较高的企业相较于本土企业拥有更先进的生产技术和绿色环保理念，企业往往更加清洁；另一方面，已有不少文献提出，随着经济全球化进程的不断推进，各国的贸易往来导致发达国家将污染型产业转移至环境标准更低的发展中国家，形成"污染避难所"（Chichilnisky, 1994；Copeland & Taylor, 1994）。在本章的研究背景下，外资进入会对企业迁移的污染减排产生何种影响？本章参考刘啟仁（2020），使用港澳台资本与外资资本之和除以实收资本得到外资占比，若外资占比为0，则定义为本土企业；若外资占比大于0，定义为外资企业。表1-11第（3）至第（5）列汇报了本土企业、外资企业和外资占比大于50%的企业的分样本回归结果。从估计结果来看，企业的外资比例并不会影响企业迁移的减排效果，无论本土企业还是外资企业，迁移后的污染排放均显著降低。

(三) 行业异质性

企业的污染排放在不同行业间具有显著差异，如纺织业、石油加工业、金属冶炼等均为重点污染行业，因此，本章认为，企业迁移对污染排放的影响也具有行业异质性。按照重点污染源行业分类名单，将本章全部样本企业分为高污染行业和低污染行业，进行分组回归，结果如表1－12第（1）至第（2）列所示。同时，加入企业和地区控制变量，并控制了多重固定效应后的结果显示，高污染行业的企业迁移会显著降低其污染排放，但低污染行业的企业迁移对企业的污染排放未产生影响。对于高污染行业而言，随着我国环境标准的不断提高，无论企业如何迁移均无法避免来自政府和社会的环保压力，导致企业不得不改变生产方式或缩减生产规模以降低污染。此外，高污染行业迁入新市场后极易处于竞争劣势地位，从而通过技术效应和规模效应极大降低污染排放。而相对低污染的行业由于本身未受到来自政府和社会的环境约束，迁移后进一步采取措施降低污染的动力不足，导致系数不显著。综上所述，企业迁移的污染减排效应主要体现在高污染行业，而非低污染行业。

(四) 东中西部差异

将样本企业按照所属区域划分为东部、中部、西部地区进行回归分析。相关文献从地区层面探讨了企业迁移的方向和趋势，但目前尚未检验不同地区的企业迁移对污染排放的影响。我国东部沿海地区最为发达，企业密集，拥有先进技术和广阔的消费市场，而中部、西部内陆地区相对而言具有资源禀赋优势。我国东部、中部、西部的地区优势不同，企业迁移的环境表现自然存在差异，据此得到的回归结果如表1－12第（3）至第（5）列所示。结果显示，东部地区和西部地区的企业迁移均会显著降低该企业的污染排放，而中部地区企业迁移的减排效果不明显。可能的解释是，东部地区产业集聚易产生规模效应和技术外溢效应，企业迁移会导致生产规模和生产技术的较大改变，进而通过上文的影响机制导致污染排放显著降低。对于西部地区而言，企业迁移大多为寻求自然资源和廉价劳动力，空间分布更加松散，因此，企业距离消费市场的运输成本将显著提升，使得企业生产规模有所下降。此外，我国西部地区的环境规制水平逐渐提高，以保护自然资源和生态环境，因此，企业迁移也将通过上文论证的政府约束与社会责任机制影响污染排放。

表 1-12　　　　异质性分析（行业、地区异质性）

变量	(1) 高污染行业	(2) 低污染行业	(3) 东部地区	(4) 中部地区	(5) 西部地区
D_{it}	-0.272*** (-6.917)	-0.051 (-0.799)	-0.161*** (-4.034)	-0.034 (-0.470)	-0.217** (-2.106)
ln$totaloutput$	0.052*** (7.955)	0.032*** (2.961)	0.054*** (6.949)	0.022** (2.446)	0.013 (1.047)
ln$totalasset$	0.058*** (4.691)	0.034 (1.405)	0.072*** (4.916)	0.037* (1.790)	0.033 (1.181)
ln$coal\_consum$	0.851*** (79.512)	1.036*** (51.675)	0.854*** (71.215)	0.950*** (51.809)	0.945*** (36.016)
ln$laborcost$	-0.058*** (-3.969)	0.012 (0.447)	-0.082*** (-4.760)	0.015 (0.655)	-0.000 (-0.010)
ln$popu\_dens$	-0.394*** (-3.821)	-0.712*** (-4.025)	-0.535*** (-5.899)	0.465 (0.828)	0.398 (0.992)
lnGDP	-0.378*** (-4.452)	-0.611*** (-3.151)	-0.843*** (-7.230)	-0.252** (-2.282)	0.131 (0.844)
rd	-0.256 (-1.553)	-0.143 (-0.526)	0.159 (0.897)	-0.168 (-0.632)	-0.900** (-2.079)
S_GDP	-0.004 (-1.559)	0.011** (2.078)	-0.000 (-0.120)	0.003 (0.879)	0.003 (0.546)
常数项	10.177*** (6.749)	15.249*** (4.910)	19.764*** (10.273)	2.115 (0.645)	-3.067 (-0.770)

续表

变量	（1）高污染行业	（2）低污染行业	（3）东部地区	（4）中部地区	（5）西部地区
企业固定效应	是	是	是	是	是
年份固定效应	是	是	是	是	是
行业固定效应	是	是	是	是	是
地区固定效应	是	是	是	是	是
样本数	136200	34938	103300	46280	21558
调整 R^2	0.464	0.526	0.471	0.503	0.469

注：（1）括号内数值为稳健标准误；（2）***、**、*分别表示在1%、5%、10%的显著性水平上显著。

第五节 研究结论与政策启示

一、研究结论

"十四五"规划再次强调，坚持"绿水青山就是金山银山"理念，坚持尊重自然、顺应自然、保护自然，建设人与自然和谐共生的现代化。在此背景下，从源头研究企业的环境表现具有重要意义。本章根据企业发生迁移的年份构建多期双重差分模型，考察企业迁移对污染排放的影响及其作用机制。研究发现，企业迁移显著降低了以二氧化硫为代表的污染物排放量，且通过了双重差分模型的有效性检验。进一步的机制检验表明，企业迁移通过生产规模的降低和生产技术的进步导致企业污染物排放量的下降，但对企业的污染治理技术没有影响。同时，企业迁移会使企业受到的政府环境约束和承担的社会责任发生改变，进而影响企业的污染排放。本章的稳健性检验通过更换污染物类型、缩尾处理，以及排除全部销售额在500万元以下企业等方法得到了与基准回归结果一致的结论。进一步的异质性分析发现，高污染行业以及东部、西部地区的企业迁移带来的减排效应十分显著，而低污染行业和中部地区企业迁移的减排效应不明显。此外，企业迁移方向、迁移类型以及外资占比不同的企业迁移均会导致污染排放量的降低。

二、政策启示

这项研究对于如何实现产业空间结构的合理布局并兼顾企业环保治污具有重要的政策启示。首先，在国家层面，我国特大城市长期面临较大的人口、交通与环境压力，因此，国家应致力于采取措施疏解中心城市压力，鼓励企业基于资源、要素、市场等多方面因素在全国范围内合理选址，而非盲目集聚。其次，在地方政府层面，应致力于减少地方保护主义，打破地方分割，促进区域间协作以及企业合理迁移，提高资源配置效率。同时，继续加强环境规制并积极宣传保护环境的重要性、必要性，通过提升环境约束的水平和履行社会责任的压力有效降低企业污染排放。另外，要制定和实施适当的政府支持政策，鼓励企业进行绿色技术创新以降低企业污染。最后，在企业层面，本章的研究结论已经证明为改进生产技术的紧迫性，企业应加大研发投入实现生产技术升级，从源头上降低污染排放，同时积极承担社会责任，发挥企业家精神，兼顾生产效率与环境保护，为经济的高质量发展和环境的可持续发展奠定基础。

污染型企业选址与高铁开通

第一节 我国高铁建设现状

一、我国交通基础设施建设发展现状

新中国成立之初,中国交通运输整体落后,铁路总里程仅2.18万公里,而且一半处于瘫痪状态(中华人民共和国国务院新闻办公室,2016)。自2003年第一条客运专线——秦沈铁路正式运营以来,中国已逐步建成世界上技术最全、集成能力最强、运营里程最长、运营速度最高、在建规模最大的高铁网络。据《中国交通的可持续发展》白皮书,截至2019年底,全国铁路营业总里程达到13.9万公里,其中高速铁路营业里程超过3.5万公里,居世界第一位。十多年来,中国高铁建设快速发展,同时也伴随着城市化进程的提速和产业加快转型升级。习近平总书记多次指出,"交通基础设施建设具有很强的先导作用""'要想富,先修路'不过时"(中共交通运输部党组,2020)。按照习近平总书记对交通事业发展的重要论述和党的十九大决策部署,2019年9月,中共中央、国务院印发《交通强国建设纲要》,明确提出交通强国是建设现代化经济体系的

先行领域，是全面建成社会主义现代化强国的重要支撑。当前，中国已经迈入新发展阶段，正在全面贯彻新发展理念，着力构建以国内大循环为主体、国内国际双循环相互促进的新发展格局，交通基础设施对于释放内需潜力、扩大有效投资具有显著意义，而高速铁路建设更是扮演着联动区域增长、协调城乡发展的"先行官"，这一过程中，其对生产力布局完善、产业结构优化等发挥日益重要的战略引导和资源配置作用。本章关注的问题正是以高铁开通为标志的中国交通基础设施升级能否对企业选址产生如上影响或者能够产生多大影响，当然，作为市场主体的企业，高铁与其区位决策之间的影响机制也成为本章研究的关键问题。

二、企业迁移与高铁开通的典型事实

本章利用中国工业企业数据库、《中国城市统计年鉴》等相关数据，考察了高铁开通是否影响了污染型企业的区位选择。数据库统计结果显示，2003~2013年期间，那些拥有高铁的城市，在开通之前年均入驻污染型企业52.98家，高铁开通之后反而降低至35.49家，降幅达到33.01%。这表明高铁开通所带来的区位优势并未向污染型企业抛去橄榄枝。然而这一数据结果并非一概而论，污染型企业的入驻与城市所处的地理位置以及政策背景也很相关。以东部、中部、西部为例，东部地区未开通高铁的城市污染型企业年均入驻数目为57.26家，而已开通高铁的城市年均入驻量为43.35家，相比低了约29%。由于发达地区多数拥有较好的地理位置，高铁开通对其区位优势的影响更是"锦上添花"，从而使入驻的企业有了更多选择。此外，发达地区本身具有较高的环保门槛，如2018年国务院出台的《中共中央 国务院关于全面加强生态环境保护 坚决打好污染防治攻坚战的意见》指出，以京津冀及周边、长三角等重点区域为主战场，全面整治"散乱污"企业及集群，对污染型企业分类实施关停取缔、整合搬迁、整改提升等措施，更是降低了污染型企业入驻的可能。反观欠发达的中部、西部却不然，未开通高铁的城市污染型企业年均入驻为14.26家，而开通高铁的城市为22.23家，上升了约55.89%。客观上，西部地区由于基础条件相对落后，受地理区位、引资环境和交通设施等影响，招商引资确实有一定难度。此时，高铁开通对于中部、西部城市更是"雪中送炭"。随着国家对生态环境的重视，污染治理力度的不断加大，东部地区一些污染较为严重的企业，为了缩减运营成本逐渐向中部、西部地区转移，这为中部、西部地区迎来了开发建设的重要战略机遇。在此大背景下，中部、西部往往出于经济考虑，倾向于承接东部转移出的污染型产业。转出地的严格环境准入政策与产业承接地的引资优惠政策形成了一种奇妙的格局。因此，中部、西部地区交通基础设施的升级弥补了先天区位优势的不足，使得污染型产业更倾向于从东部转移至中部、西部。

高铁开通缩短了城市之间的时空距离，有助于劳动力、资本等生产要素的流动，在促进经济增长的同时也吸引了污染型企业的入驻。但与此同时，高铁开通又会提升经济条件和居民收入，由于高收入的居民对环境的需求上升，会提升污染型企业入驻的门槛。因此，交通基础设施的升级不可避免地会影响污染型企业在空间上的分布变化。而坚持绿色发展的时代背景下，政府对污染型企业的流向和动态的掌握显得尤为重要。那么，以高铁为代表的交通基础设施对中国污染型企业的布局究竟会带来什么样的影响？其核心机制又会是什么？政府在此过程中又应该关注哪些问题？这些将成为本章研究的意义所在。本章研究高铁开通如何影响污染型企业选址是对以往有关高铁与区域经济增长、金融和土地等方面关系研究形成的所谓"高铁经济学"等研究内容的一次丰富，主要的边际贡献体现在以下三个方面。（1）在基准回归的基础上，通过有效地控制城市本身的制造业集群效应、市场潜力、资源禀赋和政策效应等影响污染型企业选址的复杂因素，稳健地验证了高铁开通对污染型企业选址的影响。（2）基于中国区域经济发展不平衡的背景和企业多元化所有制结构的现状，考察了高铁开通对不同污染水平、不同所有制和不同地区污染型企业选址的影响。此外，还研究了城市环保意识对这一影响的调节效应。（3）总结提出了高铁开通对污染型企业选址的影响机制。其中，高铁的清洁效应会降低开通城市对污染型企业的接纳程度，而交通便利性会促进区域间要素流动，影响原有的污染型企业分布格局。同时，高铁的集聚效应对污染型企业选址的影响是双向的，既可能吸引，也可能排斥。

第二节 文献综述

一、我国交通基础设施建设的历史背景

企业的区位选择大多考虑地理条件，企业的发展也与交通便利程度息息相关。历史上，较早诞生的企业大多位于运河、沿江甚至沿海区域，这些地方地理位置优越，这样的选址究竟受到什么因素的影响一直是区域经济学的重要研究对象。中国建设交通基础设施由来已久，是世界上最早建有驿传的国家之一。古时的驿站、驰道和运河等的修建和扩张都可见当时的统治者对交通运输的重视。其中，最具典型意义的是隋朝开通的京杭大运河，自元代会通河和通惠河开通以及明朝大规模的修缮，完善的水运管理体制使其成为真正的南北交通大动脉长达600年（张泽丹和王兴平，2017）。在这期间，运河两岸涌现出数十座商业城镇，为运河沿线地区经济做出了不可估量的贡献。然而，虽然中国幅员辽阔，人口众多，但直到新中国成立之前，中国境内仅建成铁路2万多公里，且多数位于东部。不仅分布不均衡，且人均拥有量也远低于欧美，甚至亚洲的平均水平。尽管如此，铁路等交通基础设施仍对中国近代工业化进程产生了重要影响，比如依靠铁路、港口等交通设施完成了国际贸易市场和国内商品市场的开拓（梁若冰，2015），同时也繁荣了沿线地区的经济重镇。改革开放以后，中国大力修建和扩张公路、铁路，交通运输更加便利，临近和辐射地区的企业数量出现增多趋势（Banerjee et al.，2012），直接或间接造成了地区制造业的发展差异（魏后凯，2001）。作为交通基础设施升级的标志，高铁自20世纪60年代在日本出现后，迅速在各发达国家之间蔓延开来。中国高铁技术的发展始于20世纪90年代，

2003年，中国自建的第一条高铁——秦沈客运专线投入运营以来，高铁的发展极大地优化了中国交通网络，促进地区之间的合作交流，为沿线城市技术创新和经济发展提供了巨大优势（卞元超等，2019）。高铁不仅意味着交通基础设施的升级改造，在集成了自动控制技术和信息技术等多种专业技术的基础上，通过其技术引发的便利性还能带来空间经济的外溢效应。因此，高铁开通带来的正向作用十分明显，其不仅有利于促进区域经济一体化和要素市场一体化，拉动相关产业发展并发挥潜在社会效益，而且，通过挖掘市场需求并扩大生产规模来形成产业集聚、发展地方经济，吸引企业迁移落地（周浩等，2015）。

二、交通基础设施与企业区位选择

企业的区位选择往往考虑目标区位因素和自身特征因素等约束，并努力寻找能实现自身最终目标的空间位置。韦伯（1909）在《工业区位论》一书中首次系统地论述了工业区位理论。该理论的核心思想是区位决定生产地，它能吸引企业到生产成本最低、节约成本最大的地方。早期，哈里斯（Harris，1954）也有过类似的表述，他认为，工厂的位置很大程度上受到区域加工成本和运输成本的影响。同时，研究还考虑了市场需求与地区之间的距离，并基于构建的可达性指标分析了美国制造业企业的选址。尽管这项研究方法严密，但古典的工业区位在实际应用中仍然存在很大的局限性。之后的数十年中，由于忽视了"空间"因素，在区域经济一体化的背景下主流经济学理论在解释力上经常遭遇挑战。到20世纪90年代，以克鲁格曼（Krugman，1991）为代表的学者重回经济地理学，以边际收益递增、不完全竞争等为前提条件，拓展分析经济活动的空间集聚与全球化等，开创了所谓的新经济地理学。新经济地理学还强调，交通便利性是影响企业区位选择的重要因素（Krugman，1991）。理论分析表明，规模报酬递增行业的企业倾向于选择国内基础设施较好的国家。在不发达国家，国内基础设施的改善会吸引企业进入，而国外基础设施的改善又会诱使这些企业离开（Martin & Rogers，1995）。

随后，国外不少研究开始考察交通基础设施对企业区位选择的影响（Guimaraes et al.，2000；Head & Mayer，2004；Atack et al.，2008；Mejia-Dorantes et al.，2012）。由于要素的流动性特征，交通基础设施通过加强与外部市场的联系，使"中心"区域增强了聚集力，而由于溢出效应，使"外围"区域得以发展，并形成了对"中心"区域的离散力（Venables，1996；Puga，1999），两种力量相互制衡。地理上经济集聚和分散的相对强度会影响区域的发展格局，以及企业在地理上的空间分布（Chandra & Thompson，2000；Ottaviano et al.，2002；Holl，2004a）。然而，尽管同为经济增长的贡献者，污染型企业还是与普通的企业存在一定的区别。交通基础设施升级后，城市的便利性和引资潜力大幅提升，部分城市企业准入政策收紧，环保规制强度加大，旧有企业搬迁改造步伐加快，无数企业因为"污染"问题倒在了环保这个关卡上。甚至出现地方政府担心环境风险，宁可将项目空置也要把一切污染型企业拒之门外的现象。因此，随着地方交通基础设施的升级，污染型企业所面临的问题比普通企业更为复杂。从地方政府角度考虑，为了更好地发展地方经济，必然依赖交通便利性的优势，通过招商引资吸引更多企业，以创造更多的效益和政绩。不过，生态文明建设的大背景下，地方政府对污染型企业的态度可能会变得模棱两可，一方面，受绿色发展和环保督查的约束，对污染型企业只能"敬而远之"；另一方面，为了地方经济增长和就业，对集聚而来的污染型企业也会产生一定的依赖。因此，交通基础设施升级后，污染型企业的进入、建立和发展，以及污染型企业与地方政府的关系将更加耐人寻味。

目前，国内有关企业选址的研究很少。大多数研究只将交通基础设施作为控制变量，重点研究市场潜力、资源禀赋和外商投资等对企业选址的影响（叶素云和叶振宇，2012；周浩和陈益，2013），少有文献专门研究交通基础设施升级对污染型企业带来的影响。需要说明的是，由于高铁可以很好地刻画交通基础设施的升级，本章中交通基础设施升级是否以及如何影响污染型企业选址的研究将以高铁开通作为外生冲击而展开。其实，在中国高铁发展过程中，一些城市在不同时期开通了高铁，而其他城市则没有。这些城市的企业可分为实验组和对照组,为实证研究提供了很好的准自然实验(龙玉等,2017;赵静等,2018)。此外,影响企业选址的因素确实很多,只是单纯进行有无对比或观察趋势的分析往往忽略了很多其他可能的影响因素,难以确定观测的影响是否仅仅来自高铁的开通,容易造成结果的偏差。因此,相比传统的分析方法,本章更为科学地选用双重差分方法(Difference – in – Difference,DID),可以很好地剔除高铁以外其他因素的影响。为了考察高铁开通影响污染型企业选址的估计结果在不同样本下的异质性,本章基于不同的污染水平、企业所有制、地理方位和环保意识的样本进行回归,并进一步从环境清洁效应、交通便利性和空间集聚效应三个角度对高铁开通如何影响污染型企业选址进行机制分析。

第三节 理论模型与研究假说

一、理论模型

根据工业区位论,运输成本、劳动力成本和集聚经济等因素都对企业区位选择存在影响。而便利的交通本身就是一种资源优势,不仅可以加快区域间劳动要素流动,增加资本投资并降低交易成本,还可以提升资源配置效率和全要素生产率水平,是实现经济长期增长的重要驱动力(刘秉镰等,2010;刘生龙和胡鞍钢,2010)。此外,完善的交通基础设施还能促进区域间技术外溢,加强地区之间的合作与交流,助推区域经济一体化(刘生龙和胡鞍钢,2011;Donaldson,2018)。企业的目的是追逐利益的最大化,而选址对一家新建企业未来发展的影响是巨大的,甚至是决定性的(Porter,2000)。交通基础设施的升级不仅能直接影响地方交通便利程度,还改变了区域原有的资源结构和丰裕程度,提升了技术生产条件，对企业选址决策的影响尤为明显。从古典区位理论中杜能（1826）的农业区位理论到韦伯（1909）的工业区位理论，再到新古典区位理论，运输成本、经济集聚等均是企业区位选择不可忽视的重要影响因素（龙玉等，2017），污染型企业亦不例外。一般而言，污染型企业所追求的目标与其他企业并无不同，仍是利益的最大化或成本的最小化。所不同的是，污染型企业在生产人类所需的商品时，也同时产生了危害环境的副产品，导致污染型企业在新建或迁移上面临更为复杂的政策影响。根据"污染天堂假说"（pollution haven hypothesis），污染型企业倾向于选择门槛较低的区域进行选址。换言之，发达地区的污染型企业由于会面临更高的环境规制，倾向于将企业转移至不发达的地区。因此，企业的区位选择需要综合考虑资源禀赋、环境规制、交通设施以及产业政策等。为了从理论层面分析企业区位选择的内在机制和影响因素，本章做出以下理论分析。

（一）企业的生产行为

具有选址意向的污染型企业，其生产函数假定为：

$$Q = AF(L, K) \tag{2.1}$$

其中，A 为全要素生产率，L 为劳动力，K 为资本。单位劳动力价格为 ω，资本价格为 r。A 表示企业生产中不受资本 K 和劳动力 L 影响的部分，区位优势对企业的影响体现在 A 中，如下：

$$A = \varphi(h) + m \tag{2.2}$$

其中，h 表示交通基础设施升级所带来的区位优势。$\varphi(h) \geq 0$，$\varphi(0) = 0$，m 为常数。其他条件不变时，区位优势越强，企业的产出越高。此外，交通基础设施的升级也会促进城市之间劳动力、信息等要素的流动，加强区域经济的集聚效应，逐渐丰裕的要素市场必然对要素价格产生影响。

$$\omega = \omega(h) + \omega_0 \tag{2.3}$$

其中，ω_0 为地区要素初始价格，$\omega(h)$ 为交通基础设施升级后所带来的要素价格波动。一般来说，区位优势增加会吸引更多的要素资源聚集，同时引发一系列成本（如地价、租金等）的上升，最终推动要素价格上涨。然而，发达区域的增长幅度一般高于欠发达区域。

（二）政府的环境规制

对于污染型企业的入驻，政府往往会进行一定的政策干预。本章将政府的环境规制量化为污染型企业入驻的成本 c。拥有了交通便利性的地区，在招商引资过程中具有更多的优势和选择。尤其在生态型经济发展背景下，地方政府会更多考虑清洁型产业。同时，交通基础设施升级会引发地方经济的新一轮布局，提升企业入驻的环境门槛。

$$c = c(h) + n \tag{2.4}$$

其中，$c(h) \geq 0$，且 $c(0) = 0$，表示当一个地区交通基础设施升级后，污染型企业进驻成本上升。

（三）污染型企业的选址决策

此时，污染型企业的预期利润为：

$$\pi = Q - \omega L - rK - c \tag{2.5}$$

在交通基础设施升级前后，企业的投资预期利润存在以下差距：

$$\tau = \Delta\pi = \varphi(h)F - \omega(h)L - c(h) \tag{2.6}$$

由公式（2.6）可知，当 $\tau > 0$ 时，污染型企业更倾向于入驻拥有升级交通基础设施后的区域，反之亦然。然而这并不意味着，所有地区的交通基础设施升级后，企业进驻时的预期利润会升高。考虑到区域的异质性，本章将区域分为经济发达区域和欠发达区域。（1）经济发达区域。根据环境库兹涅茨曲线，原本发达的地区会增加对环境的需求，降低对污染型企业的接纳。这意味着发达区域的污染型企业入驻门槛本身会很高，交通基础设施升级后会进一步提升污染型企业入驻要求（$c(h) > 0$），甚至通过加强政府干预，大幅提升环境规制执行力度。此外，原本发达的区域在拥有完善的交通基础设施后，会带来经济集聚效应，并引发要素价格上升（$\omega(h) > 0$）。而此时，如果高铁开通所带来的区位优势如不能大于新增的入驻成本和要素成本，污染型企业往往选择远离经济发达地区。（2）经济欠发达区域。根据环境库兹涅茨曲线，此阶段经济规模效应大于技术效应和结构效应，地方政府也更倾向于吸引更多企业发展地方经济。地方政府甚至为了吸引更多企业入驻，不惜降低入驻门槛，或提供其他优惠条件。此时，相较于发达地区，$c(h)$ 可以忽略不计。毋庸置疑，交通基础设施升级后，经济欠发达地区会大幅提升区位优势（$\varphi(h) > 0$），但同时也会为当地带来更多的生产要素，完善要素市场，入驻企业能够获取充足的要素资源。且相较于在发达地区选址，污染型企业在欠发达地区选址时的要素成本仍具有很大竞争力。

二、研究假说

欠发达地区交通基础设施升级后，其不仅区位优势明显，入驻门槛低，而且资源要素也可以得到满足，更具有选址优势。基于上述分析，提出以下假说。

假说2.1：高铁开通在进一步促进当地经济发展的同时，会提升地方对环境的需求。这一作用在发达地区尤为明显，会降低城市对污染型企业的接纳程度，导致区域污染型企业新增数目的下降甚至流失。

高铁的开通极大地改善了当地交通基础设施状况，有助于提升当地经济发展水平和居民对环境的需求。国内外高铁发展的实际情况也表现出类似的作用，高铁开通以后，沿线城市的环境和绿色发展可能受到影响。宋等（Song et al., 2016）指出，铁路是最有效且环保的运输方式，研究结果发现，铁路运输对提高环境效率具有重大的积极影响，且其随着运输效率的提高而增强。梁若冰和席鹏辉（2016）利用准自然实验方法研究了新开通线路对空气污染的影响，发现新兴轨道交通具有显著且稳健的污染治理效应。事实上，高铁开通影响城市环境还体现在城市的产业结构上，一般表现为第二产业的占比降低和第三产业的占比升高（刘勇政和李岩，2017）。高铁开通的城市迅速获取较高的客流量，这将直接刺激当地旅游业、餐饮业、住宿业等服务业的快速发展和集聚，并带动产业结构转变。这一过程中，工业生产的要素资源会有一部分流出，进入服务业等环境污染效应较小的行业中。因此，高铁开通"挤出"了工业生产的要素资源。然而，这一清洁效应的强弱与城市所处的发展阶段相关。根据环境库兹涅茨曲线，对于发达地区，随着高铁开通后经济实力的进一步增强，当地环境需求增加。高铁开通加快了本地生产的清洁化，尤其是在环境规制强度逐渐趋紧的背景下，污染型企业的生产成本会趋于上升，利润率趋于下降，甚至出现部分生产要素资源转出至其他清洁行业，如服务业等，对污染型企业的进入造成阻碍。而对于欠发达地区，因其仍然处于经济发展的初期阶段，高铁的清洁效应难以凸显。

假说 2.2：高铁开通将提升交通便利性，对污染型企业带来"吸引效应"。然而，欠发达地区的高铁开通引发了区域间要素的流动和空间上的重新布局，对污染型企业选址"吸引效应"更为凸显。

高铁的开通也可以缩短城市之间的旅行时间，大大增强交通的便利性。而区域便利性的上升的确会平衡发达地区与欠发达地区人才、资本等要素的分布。换言之，在交通及其区位优势的共同作用下，生产要素的流动性将大大增强，且不再局限于发达地区，甚至会出现相当部分的生产要素从发达地区流入欠发达地区。对于欠发达地区来说，要素丰裕意味着供应量的增加，要素价格更加具有优势，企业在运营中能够更好地获利。高铁开通极大地拉近了城市之间的距离，节约了时间成本，不仅促进了地区之间企业的合作与交流，还为要素的集聚创造了条件（Zhang et al.，2020）。事实上，市场的获取还离不开与外界的频繁交流，特别是高附加值的交流更偏向依赖于人与人直接的接触和沟通，而这往往受制于交通便利程度。此外，人才是交流的重要载体，知识经济时代，人才是保持经济长期增长的关键因素，也是提高企业经营绩效和促进企业创新的基础（Murphy et al.，1991；Ballot et al.，2001；李春涛和孔笑微，2005），更是新建企业生存和发展的必备条件（罗思平和于永达，2012）。高铁的时效性和高准点率等优势也能吸引人才从发达区域转移至欠发达区域，并通过人才带动技术和知识等创新要素在地区之间加快流动，从而扩大新建企业的市场半径。因此，高铁会因其便利性带动要素资源的集聚，为新建企业乃至整个城市或区域带来持续增长的活力。然而，由于发达地区原本拥有先天的区位优势，高铁开通后其便利性的边际作用有限。加之发达地区原本就高的环保门槛,仍不利于污染型企业的入驻。此外,由于便利性可以引发要素在空间上的流动,以往发达地区的要素优势逐渐向其他欠发达地区转移,弱化了发达地区的选址优势。

假说2.3:高铁开通将带来空间集聚效应,对污染型企业选址的影响表现为空间差异性。发达地区的空间集聚会提升要素成本,迫使污染型企业逐渐向不发达地区转移。

此外,高铁开通会带来空间集聚效应。高铁开通大大提高了城市之间的可达性,缩小了地理的时空距离,促进经济部门在空间上的集中(Holl,2004b)。高铁开通的城市因要素加快流动和资源整合,其辐射范围逐渐扩大,开放程度显著提高,进而加速经济结构的优化和集聚经济的形成。桑兹(Sands,1997)分析发现,日本新干线的开通显著提升了城市人口和经济的增长率。阿尔费尔特和费德森(Ahlfeldt & Feddersen,2010)的研究结果表明,德国高铁的开通提升了市场的可达性并刺激了通车城市的经济增长,且在后续的研究中还检验了德国高铁的开通对周边地区经济的外溢效应,发现高铁开通不仅影响了本地经济,还能带动周边地区经济的增长(Ahlfeldt & Feddersen,2018)。此外,交通运输对于经济增长的正外部性这一结论也已得到国内学者的验证(胡鞍钢和刘生龙,2009;张学良,2012)。高铁的开通具有重塑经济结构、促进区域增长的溢出效应(王雨飞和倪鹏飞,2016),在提升城市就业、工资和经济增长等方面发挥作用(董艳梅和朱英明,2016)。空间集聚效应及其带来的城市经济正外部性无疑是企业区位选择的重要因素(Figueiredo et al.,2002;De Bok & Van Oort,2011)。黑德等(Head et al.,1995)基于700余家在美国选址的日本企业数据,分析发现,工业集聚对选址起着重要作用。吉马良斯等(Guimaraes et al.,2000)基于葡萄牙的城市数据,也得出了类似结论。对于同样具有盈利和发展需求的污染型企业也是如此,工业的聚集同样会吸引污染型企业的进入(王兵和聂欣,2016;胡志强等,2016;Dong et al.,2020)。不过,高铁的集聚效应同时也是一把"双刃剑",其所带来的要素价格上升、土地供应紧张等问题也可能成为污染型企业选址的重要考虑因素。一般来说,集聚的外部性可以降低企业的生产成本并吸引新的企业进入。然而，过度的集聚也可能会带来要素成本的上升，进而降低污染型企业落户的意愿。因此，高铁开通对污染型企业选址的影响并不确定，其综合结果仍然需要取决于多种影响的相对大小。

第四节 高铁开通影响污染型企业选址的模型设置

一、计量模型

为了考察高铁开通对污染型企业选址的影响，本章建立双重差分模型将研究对象在高铁开通之前与高铁开通之后的其他差异进行控制，从而真正分离出政策影响的效果。该模型的核心是构造双重差分估计量，但由于各城市开通高铁的日期存在差异，本文选用多期 DID（Time – varying DID），也被称为多时点 DID 或异时 DID。在描述个体处理期的时间点不完全一致的情况下，构建如下模型：

$$Y_{it} = \alpha + \beta OHR_{it} + \varphi Control_{it} + \mu_t + \gamma_i + \varepsilon_{i,t} \tag{2.7}$$

其中，i 和 t 表示 i 城市的 t 时期。被解释变量 Y_{it} 表示第 i 个城市 t 年的污染型企业新增数目，OHR_{it} 为高铁开通（opening of high – speed rail）虚拟变量，当城市 i 在 t 年开通高铁取值为 1，否则取值为 0。$Control_{it}$ 表示其他控制变量，指高铁以外其他影响污染型企业选址的重要因素。关于控制变量的选取，本章考虑人口密度、地方经济规模、产业结构、信息化水平、污染程度、融资潜力和对外开放度等。μ_t 为时间固定效应，更为精确地反映了时间特征。γ_i 为个体固定效应，更为精确地反映了个体特征。城市固定效应与年份固定效应的控制在一定程度上缓解了遗漏变量导致的偏误问题。根据 DID 模型的设计，β 表示高铁开通对污染型企业选址的影响，是本章解释变量的核心估计系数。

二、数据来源

选取1999～2013年中国270个城市作为研究样本。基于中国工业企业数据库，计算出各城市每年新增的污染型企业数目。其中，污染型企业是指被认定为污染型行业的企业，而污染型行业主要参考王杰和刘斌（2014），将污染强度较高的行业筛选出来，并视为污染型行业。地区生产总值、工业增加值、外商直接投资额、总人口数、环境污染治理投资总额等数据均来自《中国城市统计年鉴》。为控制异方差和统计偏误，模型对各解释变量均取对数。

三、变量说明

（一）被解释变量

被解释变量为城市新建的污染型企业数目。为了分析污染型企业的污染程度异质性，参考王杰和刘斌（2014），对污染型行业按照高度污染、中度污染、轻度污染和无污染进行划分。轻度污染行业包括烟草加工（16）、服装业（18）、木材加工（20）、家具制造（21）、印刷业（23）、橡胶制品（29）、通用设备（35）、专用设备（36）、电气机械（39）、通信设备（40）、仪器仪表（41）；中度污染行业包括石油开采（7）、非金矿采（10）、农副加工（13）、食品制造（14）、饮料制造（15）、皮羽制品（19）、文体用品（24）、医药制造（27）、塑料制品（30）、金属制品（34）、交通设备（37）、燃气生产（45）、水的生产（46）；高度污染行业包括煤炭采选（6）、黑金矿采（8）、有金矿采（9）、纺织业（17）、造纸业（22）、石油加工（25）、化学纤维（26）、化纤制造（28）、非金制造（31）、黑金加工（32）、有金加工（33）、电力生产（44）等。[①] 剩余行业

---

① 括号内数字为国民经济行业分类代码，参考《国民经济行业分类（GB/T 4754—2017）》。

为无污染行业。本章按照这一划分原则，计算出各城市高度、中度、轻度和无污染企业年新增数作为被解释变量。同时，也按照企业所有制的差异，将污染型企业分为外资企业、国有企业和私人及其他企业。

（二）控制变量

除了高铁开通这一核心解释变量外，还需控制其他影响企业选址的因素。一般而言，企业选址是指为了达到某种目的，基于某种策略对影响区位选择的因素进行综合评价，得出最优的投资或经营地点。在宏观上，它表现为一个区域的产业集聚和经济发展，而本质上是经济活动主体理性的区位选择导致某一优势区位经济活动的集聚和扩散。所以，影响企业选址的因素的确很多。传统区位理论认为，除了交通因素外，还包括产业集聚、市场机制、资源禀赋等方面。本章选取以下控制变量。（1）人口密度（$density$）。人口是否稠密或丰富对劳动力市场的供给产生影响。人口较少的城市，劳动力相对不足，劳动力价格便会提高，将增加新建企业的用工成本。甚至劳动力供给不足时，可能导致新建企业用工不足，影响企业正常建立和生产经营。（2）地方经济规模（$pgdp$）。经济落后地区产业发展的可持续性无法保障，也难以提供良好的发展环境。因此，经济发展水平或规模被看作选址所在城市综合能力的指标，表征了企业的综合发展环境。地方经济规模越大，通常也意味着城市的市场体系和法律制度相对完善，更适宜企业的生存和发展。本章选取人均地区生产总值进行衡量。（3）产业结构（$service$）。产业结构对企业选址至关重要，它表现为对企业面对的产业链上下游供需、市场机会和市场潜力等多个方面的影响。本章选取第三产业占地区生产总值的比重进行衡量。（4）信息化水平（$infor$）。企业与外界的信息交流和知识共享是否顺畅影响了企业的市场获取以及自身技术水平等多方面的提升。信息化水平越高的城市，其与外界的信息交换能力也越强，企业更易获取更加优越的技术、市场等信息交流的条件。本章选取国际互联网用户数量进行衡量。（5）污染程度（$pollu$）。随着人们环保意识的增强，环境质量已成为重要的区位选择影响因素。不同类型的工业部门及其企业对环境的要求和污染程度不同，其区位选择亦有所差异。对于一些污染严重的工业和对环境十分敏感的企业尤其如此（Mulatu et al., 2010）。本章选取人均工业烟尘排放量进行衡量。（6）融资潜力（*finan*）。经济发达地区，特别是资金雄厚的城市更受到企业的青睐，因为这些地区在企业设立、公司控制、融资贷款等方面具有相当程度的优势。本章选取年末金融机构各项贷款余额进行衡量。（7）对外开放度（*fdi*）。经济全球化深入发展，地区的对外开放度也是影响企业选址的重要因素之一（Laussel & Paul, 2007）。对外开放度从一定程度上反映了区域经济与国际市场的融合程度。本章选取各地级市当年外商实际直接投资额进行衡量。

除了以上因素，不可否认，城市自然属性对企业选址也有重要作用，比如自然资源、气候、地理、土壤和水等，或者临近矿山、原材料资源是否丰富等（Ross, 1896; Ellison & Glaeser, 1999）。此外，一个地区的文化是随着地区的历史和地域特色所形成并且传承下来的，包括某些共性的行为模式或者思维模式。企业选址之前会对地方的社会和历史文化，比如语言、宗教、教育、风俗习惯、价值观念等进行调研和分析。因此，本章主要通过时间和空间的双重固定效应，以防止因遗漏变量导致模型参数估计出现偏误。

第五节 高铁开通影响污染型企业选址的实证检验

一、实证结果分析

（一）基准回归分析

基准回归结果如表2-1所示。第（1）列至第（4）列结果均表明，无论是否加入控制变量，高铁开通对是否接纳污染型企业的影响均为负，且都十分显著,即高铁开通显著减少了污染型企业的进入。一个极为可能的原因是高铁开通拓宽了地方引资的选择空间,降低地方对污染型企业的接纳意愿,从而"挤出"了污染型企业。下文的影响机制分析将对此进行深入探讨。

表 2-1　　　　　　　　基准回归结果

变量	(1)	(2)	(3)	(4)
OHR	-5.1537 (3.8721)	-12.3769*** (4.7931)	-16.0589*** (5.9738)	-12.1091** (5.7039)
density		10.3238*** (2.1774)	11.9138 (9.5434)	11.3914* (6.2304)
pgdp		2.9387 (2.9469)	21.3253*** (3.6643)	12.6826** (5.3162)
service		-50.5769*** (17.4078)	-119.7434*** (33.1779)	-96.9623*** (31.3175)
infor		3.4301*** (0.3762)	2.1062*** (0.3103)	1.5411 (2.1673)
pollu		-1.5071 (1.0147)	-2.6297** (1.3191)	0.6063 (1.2033)
finan		0.2999 (2.0512)	-15.6708*** (2.7594)	21.2069*** (7.0454)
fdi		3.0712*** (1.1106)	-0.5816 (1.2731)	0.0203 (1.1146)
常数项	26.5176*** (1.7504)	-99.9040*** (26.9496)	35.3017 (57.6639)	-454.7583*** (123.1763)
时间效应	否	否	否	是
空间效应	否	否	是	是
R^2			0.0709	0.2188
样本数	3914	2718	2718	2718

注:(1)括号内为稳健标准误;(2)***、**、*分别表示在1%、5%、10%的显著性水平上显著;(3)时间效应指时间固定效应,空间效应指城市固定效应。

(二) 平衡趋势检验

双重差分模型要求处理组与对照组在事件发生之前具有共同趋势。基于此，本章借鉴贝克等（Beck et al.，2013）的研究，构造了一系列刻画高铁开通年份的虚拟变量，d_1 至 d_5 为高铁开通之后相对之前的虚拟变量。其中，d_1 表示高铁开通前一年记为1，其余为0；d_2 同理，高铁开通前两年记为1，其余为0，以此类推。$d1$ 至 $d5$ 则为高铁开通之后的虚拟变量，原理与 d_1 至 d_5 相同。通过动态 DID 模型对研究内容进行平衡趋势检验。图2-1结果显示，政策实施相对时间之前的系数均不显著，表明在高铁开通之前，处理组与对照组对污染型企业接纳方面不存在显著差别，满足 DID 模型的平行趋势假设。同时，从 $d2$ 至 $d5$ 的系数来看，高铁开通后对污染型企业选址的排斥作用明显且具有持续效应，进一步验证了前面关于高铁开通影响地方政府对污染型企业接纳意愿的观点。

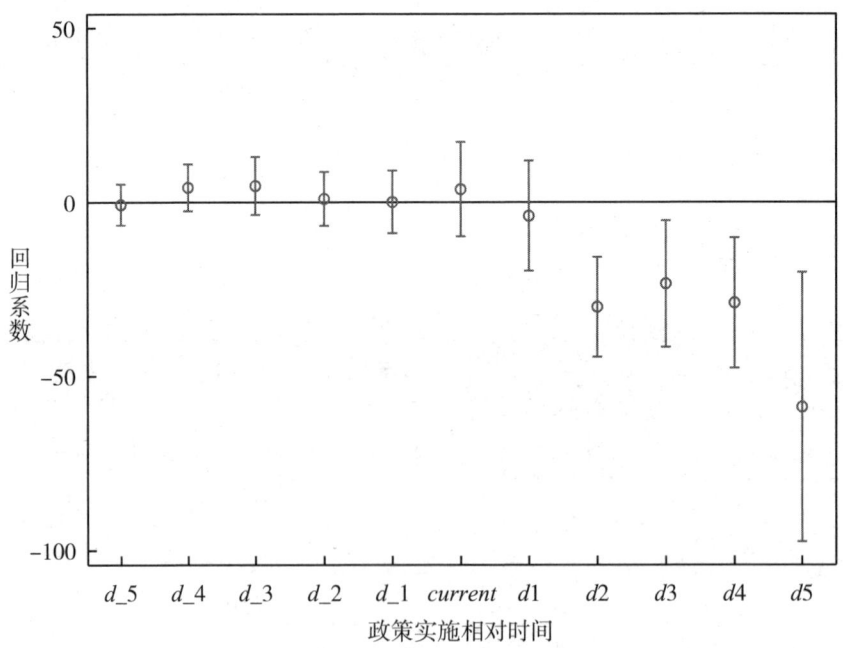

图2-1　平衡趋势检验结果

（三）稳健性分析

为进一步检验上述研究结论的稳健性，本部分分别采用控制制造业集群效应、市场潜力、资源禀赋和政策效应等方法对回归结果进行稳健性检验（见表2-2）。

表2-2　　　　　　　　　稳健性检验

变量	（1）	（2）	（3）	（4）
OHR	-11.9997** (5.8072)	-11.9762** (5.8127)	-11.4426** (5.7216)	-13.4322*** (5.0886)
density	11.3727* (6.2488)	11.3627* (6.2524)	9.9823 (6.2464)	1.1000 (5.5492)
pgdp	12.6626** (5.2994)	12.5721** (5.2571)	5.5676 (4.9693)	0.8353 (5.4297)
service	-96.6142*** (31.6439)	-96.6381*** (31.9022)	-63.1276** (30.5925)	76.0675** (29.7137)
infor	1.5305 (2.1606)	1.5243 (2.1591)	0.9859 (2.1739)	0.7525 (1.8411)
pollu	0.6186 (1.2125)	0.6347 (1.2175)	0.7353 (1.2356)	0.4975 (1.3070)
finan	21.2456*** (7.0077)	21.2270*** (7.0075)	18.2377*** (6.8456)	-7.6046 (6.4732)
fdi	-0.0005 (1.1323)	-0.0009 (1.1337)	-0.2882 (1.1078)	-2.2535** (1.1007)
agglo	-0.6457 (2.9568)	-0.6842 (2.9638)	8.8951** (3.6938)	2.3555 (2.9258)
market		0.5970 (2.9269)	2.1213 (2.9019)	1.1824 (3.3921)
endow			-15.9276*** (3.7272)	-11.8546*** (2.8456)
常数项	-453.7727*** (124.0905)	-460.7701*** (131.6654)	-556.2739*** (133.4139)	-61.9286 (94.9796)

续表

变量	(1)	(2)	(3)	(4)
时间效应	是	是	是	是
空间效应	是	是	是	是
省级×时间	否	否	否	是
R^2	0.2188	0.2188	0.2236	0.5338
样本数	2718	2716	2714	2714

注：(1) 括号内为稳健标准误；(2) ***、**、*分别表示在1%、5%、10%的显著性水平上显著；(3) 时间效应指时间固定效应，空间效应指城市固定效应。

1. 控制制造业集群效应

集群效应是指大量企业因为在地理上的邻近所具有的经济效应，是企业在某个特定的地理区域高度集中的结果。如果单个企业孤立于某个区域，那么这个企业的生产是无法获得更多优势的。制造业集群能为企业提供良好环境，对企业选址有着重要的影响。早在19世纪初，韦伯就提出了集聚对企业区位选择的影响，认为集聚可以降低单位生产成本，增加企业利润。除了节约生产成本、促进交易发生、扩大生产优势的效果以外，大量的关联企业在地理上集聚还有利于知识和技术的外溢、相互竞争和协作、提高企业创新能力、降低新建企业成本（陈建军和胡晨光，2008）。良好的地理集中性可以实现产业链的高效整合、合作环境的互补以及地方配套的完善（Lavrinenko et al., 2019），进而降低企业间的交易成本，使集群在吸引新企业进入方面形成竞争优势，同时促进本地新兴企业加快涌现。本部分选取制造业从业人员数衡量制造业的集群程度。表2-2中第（1）列对集群效应加以控制，结果依然显著。

2. 控制市场潜力

新经济地理学强调生产成本与市场潜力的相互作用决定企业的区位选择，从而导致经济活动空间分布的变化（Krugman & Venables, 1995）。企业空间分布与两者的高度相关早已得到证实（Harris, 1954）。比如，考夫林等（Coughlin et al., 1991）估算了外国企业在美国选址的决策，发现人均收入较高且制造业活动密集的地区因市场潜力吸引了更多的外国直接投资。海德和迈耶（Head & Mayer，2004）基于在欧洲国家选址的日本企业样本，研究发现市场潜力至关重要。通常来看，企业的区位选择会尽可能地接近市场，因为市场既能为企业的再生产提供条件，又能让企业实现其产品的价值。企业进行生产经营活动，就是为了对外销售商品或提供服务以实现企业的价值增值，而市场是其实现价值增值的空间或者途径。随着市场经济的发展，市场潜力对企业选址的影响越来越明显，有着广大市场规模和强大的市场潜力的国家和地区对企业拥有很大的吸引力。表2-2中第（2）列结果显示，控制市场潜力后，主要解释变量系数的方向不变且依然显著。

3. 控制资源禀赋

相对比较优势或规模收益决定的专业化分工一定程度上依赖地区特有的资源禀赋，这将吸引不同类型的企业（Bernstein & Weinstein，2002；Song et al.，2018；Missiaia，2019）。劳动力和资本要素的禀赋条件对制造业的空间分布有着较强的影响（Kim，1999）。为了控制要素禀赋对企业区位选择的影响，本部分选取劳动力和资本的比值作为衡量资源禀赋差异的指标并加以控制。表2-2中第（3）列显示，控制资源禀赋后结果依然显著。

4. 控制政策效应

政府的特定政策影响企业的区位选择，比如税收优惠政策可以降低企业的成本，投资政策可以吸引更多的企业。对于污染型企业，由于环保标准较高或环境规制较强的地区很难接纳污染型企业，它们更倾向于选择环保标准较低或环境规制政策执行较弱的地区。由于各省份发展不均衡，发达地区的环保标准或环境规制一般较强。对于污染型企业的准入政策，各地方多在省级层面进行了统一，同时可能随时间而调整。为了控制政策变动对污染型企业进入的影响，本部分将省级固定效应与时间效应进行交乘。结果如表2-2中第（4）列所示，控制政策效应后结果依然显著。

（四）异质性分析

不同企业因其特殊的条件、属性或区位，对模型的结果存在可能的差异性影响。考虑企业之间污染程度、所有制、地理条件和环保意识等方面的不同，本章进一步通过回归进行异质性分析（见表2-3）。

表2-3　　　　　　　对不同污染程度企业的回归结果

变量	(1) 低污染企业	(2) 中污染企业	(3) 高污染企业	(4) 无污染企业
OHR	-5.3476*** (1.7829)	-3.8517** (1.6041)	-4.2329* (2.1570)	-0.1976 (0.1599)
density	-0.6369 (2.3262)	0.6884 (1.5409)	1.0485 (2.2805)	0.8649** (0.3855)
pgdp	-0.9552 (2.3127)	1.0149 (1.5917)	0.7756 (2.2915)	0.0767 (0.3068)
service	22.0621** (10.3886)	30.8715*** (10.6825)	23.1338* (11.8302)	4.0184*** (1.4068)
infor	0.9745 (0.7406)	0.1503 (0.5999)	-0.3723 (0.7124)	0.1850* (0.1055)
pollu	0.2317 (0.5029)	0.4616 (0.5062)	-0.1958 (0.4386)	-0.0362 (0.0505)
finan	-2.7867 (2.1007)	-1.4450 (2.0898)	-3.3728 (2.7527)	-0.6383** (0.2506)
fdi	-1.2936*** (0.4702)	-0.6624 (0.4261)	-0.2976 (0.3052)	-0.0971* (0.0552)
agglo	0.4005 (1.1282)	0.1802 (0.9652)	1.7748 (1.2146)	0.2807 (0.2000)
market	0.9113 (1.3482)	0.5858 (1.2133)	-0.3147 (1.1135)	0.3700* (0.2106)
endow	-3.8486*** (1.1613)	-3.1721*** (0.9615)	-4.8340*** (1.1554)	-0.7877*** (0.2818)
常数项	-6.3963 (36.9348)	-41.4869 (32.1307)	-14.0455 (38.2921)	-13.0009** (5.1157)

续表

变量	（1）低污染企业	（2）中污染企业	（3）高污染企业	（4）无污染企业
时间效应	是	是	是	是
空间效应	是	是	是	是
省级×时间	是	是	是	是
R^2	0.4443	0.4742	0.5440	0.3052
样本数	2714	2714	2714	2714

注：（1）括号内为稳健标准误；（2）***、**、*分别表示在1%、5%、10%的显著性水平上显著；（3）时间效应指时间固定效应，空间效应指城市固定效应。

1. 污染程度异质性检验

不同污染程度的企业选址受高铁开通的影响不同。结果如表2-3第（1）列至第（3）列所示，在其他因素不变的情况下，无论是低、中、高污染型企业，高铁对其选址均为负向影响，且都十分显著。但无污染企业的影响却不显著。高铁开通促进人才的大量流动和基础设施建设，城市规模可能扩张，人们对环境质量的要求提高，环保标准和环境规制执法力度增强，城市也更加注重产业的绿色低碳和清洁生产，相应提高了污染型企业进入的门槛。

2. 企业所有制异质性检验

已有文献发现，不同所有制企业的落户政策不同（殷华方和鲁明泓，2004；周明海等，2010），高铁开通对不同所有制企业的落户选址会产生不同的影响。本部分将污染型企业分为外资企业、国有企业和私人及其他企业。其中，国有企业包括国有控股、集体控股的工业企业，外资企业包括港澳台商控股和外商投资企业，私人控股企业和其他企业归为私人及其他企业。结果如表2-4所示，从估计系数来看，高铁开通仅对私人及其他企业的影响显著为负。原因可能在于，高铁开通后，地方政府可引入的资本和企业会随之增多（Giroud，2013；刘冲和周黎安，2014）。当进入企业较多时，私人及其他企业会因其污染较大，大大降低落户的可能。不过，受地方招商引资政策的影响，地方对外资企业的门槛仍然相对宽松。污染型企业虽会遭受环境政策的影响，但国有企业的落户选址主要是地方政府甚至是上级政府共同影响的结果，高铁是否开通对其影响并不显著。

表2-4　　　　　　　　对不同所有制企业的回归结果

变量	(1) 外资企业	(2) 国有企业	(3) 私人及其他企业
OHR	-0.0260 (0.7327)	-0.2418 (0.2077)	-13.1648*** (4.7964)
$density$	0.1901 (1.2903)	-0.0089 (0.2484)	0.9209 (4.5990)
$pgdp$	-5.3033*** (1.3865)	-0.1808 (0.2820)	6.3244 (5.4227)
$service$	-1.1081 (5.0427)	-1.1527 (1.3105)	78.3144*** (28.8889)
$infor$	0.2961 (0.4072)	0.0945 (0.0890)	0.3624 (1.6823)
$pollu$	-0.1699 (0.3213)	0.0029 (0.0514)	0.6663 (1.1782)
$finan$	2.1953** (1.0630)	-0.2040 (0.2836)	-9.5965 (6.0809)
fdi	-1.0416*** (0.2887)	-0.0967* (0.0543)	-1.1145 (0.9432)
$agglo$	0.1272 (0.5544)	0.0571 (0.1499)	2.1784 (2.8067)
$market$	0.2606 (0.6794)	-0.0275 (0.1674)	0.9473 (3.2294)
$endow$	1.1022 (0.9040)	-0.1974 (0.1593)	-12.7576*** (3.0059)
常数项	30.3821 (22.3190)	2.0797 (5.0167)	-94.4204 (87.9447)

续表

变量	（1）外资企业	（2）国有企业	（3）私人及其他企业
时间效应	是	是	是
空间效应	是	是	是
省级×时间	是	是	是
R^2	0.4056	0.3884	0.5271
样本数	2714	2714	2714

注：（1）括号内为稳健标准误；（2）***、**、*分别表示在1%、5%、10%的显著性水平上显著；（3）时间效应指时间固定效应，空间效应指城市固定效应。

3. 地理异质性检验

已有研究表明，不同发展水平的地区对环境质量的要求不同，越是经济发达的地方，居民对环境质量的要求越高（Mc Connell & Kenneth，1997；Jun et al.，2011）。根据环境库兹涅茨曲线，随着经济增长，人们对环境的需求是逐步增强的，收入与环境污染的程度呈现倒"U"型关系（Magnani，2000；Dinda & Soumyananda，2004）。将中国区域划分为东部、中部、西部三个区域考察高铁开通影响污染型企业选址的差异。东部地区包括北京、天津、河北、辽宁、上海、江苏、浙江、福建、山东、广东和海南11个省份；中部地区包括山西、内蒙古、吉林、黑龙江、安徽、江西、河南、湖北、湖南、广西10个省份；西部地区包括四川、贵州、云南、西藏、陕西、甘肃、青海、宁夏、新疆9个省份。如表2-5所示，表中 $OHR \times east$、$OHR \times mid$ 和 $OHR \times west$ 分别表示东部、中部、西部的地区虚拟变量与高铁开通项的交乘项。对于东部来说，高铁开通确实降低了对污染型企业的接纳，存在高铁开通"挤出"污染型企业的可能。反观中部、西部地区，高铁开通对污染型企业选址的影响为正，且十分显著。可能的原因是，中部、西部发展目前更多重视的还是经济增长，对环境的考虑仍然较少。得益于较低的环境门槛和较强的发展需求，中部、西部地区承接了不少污染型企业，甚至是东部一些发达地区的污染企业转移（黄乐文和钱曦，2011）。

表2-5　　对东部、中部、西部新增污染型企业的回归结果

变量	(1)	(2)	(3)
$OHR \times east$	-19.3086** (9.3968)		
$OHR \times mid$		13.9454* (8.3625)	
$OHR \times west$			17.2078** (7.5916)
OHR	-3.7599 (2.3019)	-19.1219** (8.2010)	-14.9993*** (5.4721)
$density$	1.3473 (5.6749)	1.1639 (5.6048)	1.2415 (5.5866)
$pgdp$	-1.2370 (5.4563)	-0.2874 (5.4474)	0.3738 (5.4020)
$service$	76.0803** (29.4001)	77.3476** (29.8446)	74.4992** (29.4399)
$infor$	0.8838 (1.8170)	0.7385 (1.8353)	0.8869 (1.8414)
$pollu$	0.5538 (1.3072)	0.4279 (1.3164)	0.6335 (1.3116)
$finan$	-7.6603 (6.3962)	-7.9090 (6.4686)	-7.2785 (6.4657)
fdi	-2.1879** (1.1070)	-2.2303** (1.1076)	-2.2237** (1.0964)
$agglo$	2.6170 (2.9551)	2.6223 (2.9512)	2.2593 (2.9372)
$market$	1.3332 (3.5670)	0.7915 (3.4537)	1.7992 (3.5226)

续表

变量	(1)	(2)	(3)
$endow$	-11.6733*** (2.8138)	-11.7816*** (2.8084)	-11.7831*** (2.8659)
常数项	-46.0480 (95.8225)	-41.8036 (97.4428)	-72.6089 (95.2281)
时间效应	是	是	是
空间效应	是	是	是
省级×时间	是	是	是
R^2	0.5356	0.5347	0.5343
样本数	2714	2714	2714

注：(1) 括号内为稳健标准误；(2) ***、**、*分别表示在1%、5%、10%的显著性水平上显著；(3) 时间效应指时间固定效应，空间效应指城市固定效应。

4. 环保意识异质性检验

相关研究认为，地区的环保意识对污染型企业的接纳存在重要影响（Cheng & Liu，2018），高铁的开通可能会影响污染型企业的迁移、新建或落户。为此，本部分根据城市的工业固体废弃物综合利用率、生活污水处理率和生活垃圾无害化处理率分别衡量城市的环保意识，这三种指标高于一般水平的城市被认定为环保意识较高的城市，并以此对其进行分类，进一步探讨不同的城市环保意识下高铁开通对污染型企业选址的影响差异。

本部分将各城市工业固体废弃物综合利用率、生活污水处理率和生活垃圾无害化处理率三种指标高于平均水平的记为1，低于平均水平的记为0，将该三个虚拟变量以 $soild$、$sewage$ 和 $garbage$ 表示。$OHR \times soild$、$OHR \times sewage$ 和 $OHR \times garbage$ 分别表示高铁开通与这些虚拟变量的交乘项。结果如表2-6所示，环保意识较强的城市，尤其是生活污水处理率和生活垃圾无害化处理率较高的城市，高铁开通对其污染型企业接纳的影响为负，且表现显著，即环保意识较高的城市强化了高铁开通后地方政府对污染型企业的排斥,这说明地方环保意识对高铁与污染型企业选址的关系具有调节作用。

表2-6　　　　　　对不同环保意识下污染型企业的回归结果

变量	(1)	(2)	(3)
OHR × solid	-9.8215 (6.4197)		
OHR × sewage		-14.7970** (7.4950)	
OHR × garbage			-12.2879* (6.8531)
OHR	-6.1802* (3.4579)	-2.8215 (3.3876)	-4.9346 (3.0056)
density	1.2907 (5.5790)	1.3795 (5.5495)	1.3021 (5.5513)
pgdp	0.3299 (5.4258)	0.5802 (5.3375)	0.4820 (5.3873)
service	78.8088*** (30.1891)	77.0222*** (29.5504)	78.1583*** (29.7582)
infor	0.5354 (1.8672)	0.4464 (1.8644)	0.4843 (1.8655)
pollu	0.4628 (1.3055)	0.2496 (1.3357)	0.3378 (1.3228)
finan	-8.2893 (6.5805)	-8.5542 (6.5590)	-8.6467 (6.5877)
fdi	-2.2464** (1.1037)	-2.2750** (1.1016)	-2.2818** (1.1009)
agglo	2.3183 (2.9223)	2.2044 (2.8502)	2.6242 (2.9184)
market	1.4862 (3.4940)	1.5596 (3.2181)	1.3997 (3.1425)

续表

变量	（1）	（2）	（3）
endow	-11.8052*** (2.8305)	-11.5520*** (2.7398)	-11.3885*** (2.7239)
常数项	-50.2609 (95.9628)	-44.7300 (95.2617)	-39.7210 (96.4882)
时间效应	是	是	是
空间效应	是	是	是
省级×时间	是	是	是
R^2	0.5343	0.5350	0.5347
样本数	2714	2714	2714

注：（1）括号内为稳健标准误；（2）***、**、*分别在表示1%、5%、10%的显著性水平上显著；（3）时间效应指时间固定效应，空间效应指城市固定效应。

二、影响机制分析

高铁对污染型企业选址的影响是复杂的，它能够显著提高沿线地区的空间可达性，改善区域投资环境，为沿线地区经济发展和生产要素集聚创造条件，另外，高铁也会提高城市对环境质量的要求，从而降低污染型企业进入的可能。本章分别从环境清洁、交通便利性和空间集聚三个方面分析高铁开通对污染型企业选址的影响。

（一）环境清洁效应

根据环境库兹涅茨曲线，交通基础设施能促进当地经济发展，人们对环境质量的需求将随之增长，政府相应加强环境规制，从而产生清洁效应（Chen et al., 2016）。为了验证高铁是否通过清洁效应影响了污染型企业选址，本部分对各城市高铁开通与环境污染情况进行回归，结果如表2-7所示。第（1）列中，被解释变量为环境质量。本章选择城市的可吸入细颗粒物年平均浓度作为环境的代理变量，高铁的环境效应是高铁开通后地方环境规制、居民环保意识、环境需求增加以及清洁技术应用等综合因素的结果,其最直接的表现还是空气污染物浓度的变化。第(1)列结果显示,高铁开通对当地可吸入细颗粒物年平均浓度的影响显著为负,说明高铁的开通的确降低了当地的环境污染,这与杨等(Yang et al., 2019)和孙等(Sun et al., 2020)的研究结论一致。高铁的环境清洁效应是高铁开通后污染型企业新增数目下降的重要原因,其实质还是经济增长所带来的环境变化。这与前文基准回归结果一致,同时也验证了假说2.1中高铁的环境清洁效应。

表2-7 机制检验结果

变量	(1) 环境质量	(2) 交通便利性	(3) 空间集聚
OHR	-0.2107** (0.0937)	0.0809* (0.0484)	0.4833*** (0.1120)
density	0.0298 (0.1186)	0.0126 (0.0632)	-0.2574** (0.1169)
pgdp	-0.0506 (0.2565)	0.1296 (0.0981)	-0.4916** (0.2258)
service	-3.4291*** (1.0735)	0.9003** (0.3771)	3.4707*** (1.0053)
infor	0.1316** (0.0596)	0.0089 (0.0263)	-0.0296 (0.0443)
pollu	0.4086*** (0.0858)	-0.0043 (0.0177)	0.0117 (0.0402)
finan	0.6159*** (0.1705)	0.0147 (0.0793)	0.5377*** (0.1724)
fdi	0.0084 (0.0238)	-0.0027 (0.0071)	-0.0340** (0.0153)
agglo	0.0953 (0.1731)	0.1000** (0.0490)	0.2192** (0.1023)

续表

变量	（1）环境质量	（2）交通便利性	（3）空间集聚
$market$	-0.2254 (0.1542)	0.0593 (0.0461)	0.3037** (0.1373)
$endow$	0.3062** (0.1358)	-0.0049 (0.0517)	0.4007*** (0.1276)
常数项	7.5826** (3.6953)	5.3451*** (1.4080)	2.8080 (3.0355)
时间效应	是	是	是
空间效应	是	是	是
省级×时间	是	是	是
R^2	0.4315	0.4203	0.5880
样本数	2709	2741	2470

注：（1）括号内为稳健标准误；（2）***、**、*分别表示在1%、5%、10%的显著性水平上显著；（3）时间效应指时间固定效应，空间效应指城市固定效应。

为了进一步研究假说2.1中高铁环境清洁效应的空间异质性，分别对东部、中部、西部高铁的清洁效应进行了回归，结果如表2－8所示。东部发达地区，高铁开通后的城市大气污染物的浓度出现明显降低。从区域发展的角度看，也非常符合前文理论机制的分析情形，高铁开通的清洁效应最先出现在经济发达地区，与预期一致。这也解释了东部、中部、西部高铁开通对污染型企业选址影响存在差异化的原因。

表2－8　　　　　高铁环境清洁效应的空间差异

变量	（1）东部	（2）中部	（3）西部
OHR	-0.2024* (0.1074)	-0.1207 (0.1696)	-0.6208 (0.7701)
控制变量	是	是	是

续表

变量	（1）	（2）	（3）
	东	中	西
时间效应	是	是	是
空间效应	是	是	是
省级×时间	是	是	是
R²	0.4315	0.4203	0.5880
样本数	2709	2741	2470

注：（1）括号内为稳健标准误；（2）＊表示在10%的显著性水平上显著；（3）时间效应指时间固定效应，空间效应指城市固定效应。

（二）交通便利性

交通便利性会影响一个区域的要素禀赋，包括要素的丰裕度和结构的变化。高铁缩短了城市之间的时空距离，使居民可以在不同的城市工作和生活，促进城市之间人口、信息和技术等各种要素的流动，在促进区域经济一体化方面发挥着重要作用（Donaldson，2018）。相关研究也认为，高铁开通能够显著吸引人才，提升当地人力资本（吉赟和杨青，2020）。本部分验证高铁开通是否为交通便利性创造了条件，进而影响了污染型企业的选址。如表2-7中第（2）列所示，结果显著。第（2）列中被解释变量为交通便利性情况，本部分采用城市客运量表示交通便利性，城市客运量的变化可以反映地方人口流动的便利性，这是交通便利性的基本条件，同时也反映了要素流动的可能性。交通便利性打破东部或发达地区对要素的垄断，缓解了要素资源空间分布不均的问题，优化了生产要素区域分布格局，这从一定程度上也解释了前文污染型企业为何可以由东部转移至中部、西部的现实情形，同时也验证了假说2.2所提出的理论机制。高铁开通实质上促进了东部、中部、西部的要素流动，流动性越强，中部、西部对于污染型企业来说就更具有选址优势，而东部地区的区位优势也在逐渐弱化。这也同样解释了表2-5的结果，与预期一致。

(三) 空间集聚效应

根据新经济地理学，交通因素对经济活动的空间分布存在影响。以收益递增作为理论基础，考虑到报酬递增、交易成本和市场的外部性，厂商倾向于选择靠近市场的区位安排生产，久而久之在区域层面上表现为经济活动的空间集聚。因此，高铁开通对沿线城市空间集聚会产生影响。本部分基于城市夜间灯光数据，检验高铁的空间集聚效应是否存在。选择城市夜间灯光数据作为表2-7第（3）列中空间集聚的代理变量。夜间灯光值越高，表明区域的空间集聚程度越高。结果显示，高铁开通对城市夜间灯光呈现正向影响。事实上，伴随高铁的开通，依托高铁站的建设，城市边界逐渐扩张，甚至会形成规模较大的交通枢纽。通过各区域之间联系的加强，吸引沿线劳动力、资金等要素的集聚，加速形成和发展地区产业集群，立足区位优势推动区域开发向纵深拓展，并打造新兴增长极，其空间集聚效应不言而喻。

然而，集聚效应对污染型企业选址的影响是不确定的。集聚是厂商之间吸引力与排斥力共同作用的结果。随着集聚程度的上升，本地要素和商品的价格将趋于升高，并将驱动厂商转移投资至其他区域。因此，高铁开通所带来的集聚效应对污染型企业选址的影响是不确定的。一方面，通过释放高铁带来的货物流、资金流、技术流和信息流的集聚辐射效应（Ahlfeldt & Feddersen，2017），新建企业更容易进入和落地生根；另一方面，高铁开通后，具有交通区位优势的城市吸引更多的劳动、资金和信息，可能因为集聚效应所引起的要素价格变化（周玉龙等，2018），使得部分企业在考虑成本收益后转而前往要素成本更低的城市。尽管高铁开通增强城市的集聚效应已经被证实，但为了讨论集聚效应是否会表现出空间差异化特征，即处于不同地理区位和不同经济发展水平的城市其集聚效应对污染型企业的影响是否表现不同，本部分再次检验了空间集聚对污染型企业选址存在的差异化影响。

如表2-9所示，与上文相同，*DN*表示空间集聚，采用夜间灯光数据表示。表2-9第（1）列结果说明，这种异质性影响确实存在。在东部地区,空间集聚越强,污染型企业进入的可能性将越小,而第(3)列的结果表明,西部刚好恰恰相反。这证明了地理区位在空间集聚对污染型企业选址的影响上起到了调节作用:东部城市经济更加发达,空间集聚程度越高,要素成本也将越高,在企业进入上表现为更加排斥污染型企业,而西部却由于集聚带来的丰裕要素、区位优势再加上较低的环境门槛,对污染型企业进入表现得更加友好,这证实了前文的假说2.3所提出的高铁对空间集聚的影响及其空间差异性。总体上,高铁开通增强了中部、西部地区污染型企业的选址意愿和入驻可能,而东部由于要素成本的上升和较高的入驻门槛,高铁开通后反而不利于污染型企业的入驻。

表2-9　　　　　　　空间集聚对污染型企业选址的影响

变量	(1)	(2)	(3)
DN	3.4961** (1.4624)	-0.1102 (1.3999)	0.2213 (1.2695)
$DN \times east$	-3.8827** (1.6913)		
$DN \times mid$		2.2946 (1.5515)	
$DN \times west$			4.7352** (2.2047)
常数项	-610.4099*** (146.4562)	-625.5663*** (145.4816)	-599.3136*** (148.5958)
控制变量	是	是	是
时间效应	是	是	是
空间效应	是	是	是
区域控制	是	是	是
R^2	0.2285	0.2279	0.2281
样本数	2454	2454	2454

注:(1)括号内为稳健标准误;(2)***、**分别表示在1%、5%的显著性水平上显著;(3)时间效应指时间固定效应,空间效应指城市固定效应。

第六节 研究结论与政策启示

一、研究结论

本章以中国城市高铁开通作为准自然实验,选取 1999~2013 年 270 个地级市数据系统研究了交通基础设施升级对污染型企业选址的影响。研究发现,高铁开通后,城市的污染型企业新增数目显著下降。进一步研究发现,高铁开通对不同性质的污染型企业选址影响存在差异。比如,私人及其他性质的污染型企业新增数目下降明显,外资企业和国有企业受到的影响却不明显。此外,高铁开通对污染型企业选址的影响还表现出地理差异,东部地区开通高铁会减少对污染型企业的接纳,而中部、西部地区相反。城市环保意识也对高铁开通与污染型企业的关系产生影响,表现为同等条件下,环保意识越强的城市开通高铁后,污染型企业进入的可能性越小。同时,本章发现交通基础设施升级对污染型企业选址的影响主要通过清洁效应、交通便利性、空间集聚等机制发挥作用。主要结论如下。

(1) 高铁开通总体上抑制了污染型企业的新增数目。高铁开通对污染型企业的影响应是综合性的。一方面,高铁开通后,可以提高企业经营效率,挖掘市场潜力,降低企业经营成本,吸引更多企业进入,表现出较强的"吸纳效应";另一方面,高铁的开通也提升了城市对环境质量的要求,从而降低对污染型企业的接纳意愿,对污染型企业表现为"挤出效应"。两种效应的综合影响决定了高铁开通对城市污染型企业进入的净结果,根据本章的分析,总体上"挤出效应"大于"吸纳效应"。

(2) 高铁开通促进了污染型企业向中部、西部的流动。污染型企业由东部流向中部、西部的微观机制在于:除了东部城市对环境质量的要求提升以外，通过高铁的便利性，中部、西部城市也因此拥有了生产要素条件和资源的集聚优势，有助于市场规模的扩大，吸引更多污染型企业进入。与此同时，高铁带来的区域集聚效应也会拉升东部城市生产要素的价格，导致企业用地价格上升和劳动力供给紧张等。所以，各种因素的综合影响导致污染型企业向中部、西部转移。

(3) 交通基础设施升级对污染型企业选址的影响存在异质性。高铁开通会加剧区域之间的分化，虽然高铁可以带来交通便利性，有效促进分工深化和资源配置效率提升，但这一影响却因地理特征、企业属性、环保意识而表现出显著差异。在发达城市或环保意识较强的地区，因其固有优势，高铁开通后对污染型企业的接纳进一步降低，而中部、西部地区的城市在高铁开通后因其人才、集聚的优势上升，更容易接纳污染型企业落户。此外，就不同所有制而言，外资和国有的污染型企业受到的影响要远小于私营和其他企业。

二、政策启示

当前，高铁等交通基础设施对经济发展的贡献已经得到普遍认可，如果高铁对污染型企业选址的影响及其作用机制能够得到政府相关部门和市场主体的充分认识和重视，那么对于中国区域发展规划以及营商环境、投资规划和环境保护相关政策的制定都将大有裨益。为此，本章提出以下政策启示。

(1) 应维护市场公平，重视民营企业发展。交通基础设施升级后，地方对于污染型企业的歧视分外明显，尤其是私营或民营企业。应逐渐完善涉及污染型企业市场准入、经营行为规范的法律法规，保障市场统一和公平竞争。一方面，纠正违反环保规制对污染型外资企业实行差别待遇的行为；另一方面，也要摒弃对污染型民营企业设定的歧视性准入条件，对待合乎环保条件和规范经营的污染型民营企业理应公平对待。另外，应强化对污染型企业的生产监管，建立生态环境损害责任制度，规范企业清洁化生产运营。同时，对于民生需求或国家战略需要等重要领域的污染型企业，应配备生态环境责任保险或清洁生产基金，时刻监控环境风险。

（2）提防中部、西部也走"先污染，后治理"的老路。交通基础设施升级后，增强了生产要素空间上的流动性。受东部地区环保门槛的提升以及土地和劳动力等要素紧缺的影响，大量污染型企业由东部逐渐转移至中部、西部。但是，中部、西部地区不仅肩负发展经济和缩小与东部地区差距的重任，同时也面临生态环境保护的硬约束。为防止出现以损害环境为代价的产业发展模式，应科学设立环境准入制度，并根据当地环境承载能力合理有序地吸纳部分污染型企业，同时，建立并完善生态环境考核评价体系，落实承接区生态补偿措施，推动绿色发展。

（3）时刻把握污染型企业动向，合理配置环保资源。由于在生产经营的过程中会产生废气、废水或者固体废弃物等，污染型企业的生存和发展始终是环保监管的重点。对于污染型企业不能仅仅使用处罚、取缔或迁移等手段，同时也要加大力度促进环保设施的建设。然而，当下污染型企业的迁移仅是企业本身的转移，其配套的公共环保处理设施和环保投资并未及时随之转移，比如污水处理厂和垃圾处理设施等。由于污染型企业的迁出地大多在东部，而环保设施投入和建设多属于政府主导且规划周期较长，因此，要警惕污染型企业已向中部、西部迁移，而环保资金仍源源不断地向东部地区投入的资源错配现象。

企业出口行为与清洁生产

第一节 清洁生产的相关研究

一、清洁生产的政策背景

近年来,全球变暖、资源耗竭等环境问题持续引发关注,已经成为学界的热点命题。环境是人类赖以生存和发展的基础,但人类的生产生活涉及的有害气体或有毒物质的排放给环境带来了负面影响。比如,在国际贸易过程中,从生产、销售到运输、消费,各个环节都会产生污染。生产方面,贸易使得各国生产规模扩大,加剧过程中的污染排放;销售方面,更广阔的营销渠道和多面的营销手段与介质意味着更高的能耗需求;运输方面,国际贸易引起的长途运输当然伴随资源消耗和污染排放;消费方面,贸易使消费者因面对更多选择和更优的价格而产生更多的消费,从而在需求侧引致更多污染。

面对严峻的环境形势,许多国家和国际组织陆续出台与环境保护相关的贸易规则,同时建立和提高所谓的绿色贸易壁垒。联合国环境规划署(UNEP)在1996年明确提出了清洁生产的概念。清洁生产将整体预防的环境战略持续应用于生产过程、产品和服务中,以提高生态效率并减少环境风险。具体包括：(1) 节约在生产过程中使用的原材料和能源，淘汰有毒原材料，削减生产废物的数量和毒性；(2) 减少从原材料提炼到产品最终处置的全生命周期对环境造成的不利影响；(3) 要求将环境因素纳入服务产品的设计中。显然，这一创新性的环保理念和措施会很大程度上改变原有生产过程的中间品投入以及生产工艺、技术和模式，在降低生产方面环境污染的同时对企业战略、组织和行为也将产生较大影响。那么，对于贸易品的生产、消费和流通大国，中国企业的清洁生产状况如何，其又如何影响贸易企业的出口行为呢？

二、清洁生产的文献综述

国内外学者对于环境与贸易关系的研究大多集中在宏观层面，特别是贸易自由化对环境的影响。比如克罗珀和格里菲斯（Cropper & Griffiths，1994）认为，贸易自由化对环境产生消极影响，且贸易使得污染产生了转嫁效应。安特维勒等（Antweiler et al.，2001）提出，贸易自由化对环境保护问题产生积极作用。另有一些学者则认为，这种影响是双面的，如格罗斯曼和克鲁格（Grossman & Krueger，1991）提出贸易的环境效应。史蒂文斯（Stevens，1993）把贸易对环境的影响分解为规模效应、结构效应和技术效应，这些效应对环境的影响有好有坏，最终结果取自效应的净值。龚超和魏廷超（2010）利用金融危机剔除大量竞争力弱的出口企业，专门考察贸易自由化带来的结构效应。此外，另一个相关研究方向是有关绿色贸易壁垒。如姜姝和刘倩倩（2016）分析环保对中国出口的影响。李昭华和潘小春（2005）的研究发现，贸易壁垒是发达国家减少发展中国家出口产品市场份额的一种战略手段。杨燕（2007）分析了环境规制与机电产品出口的关系。在企业层面，李静和陈思（2014）基于微观企业数据测算了出口企业的环境友好度。具体地，他们使用排污费作为环境指标侧面反映环境友好度，进而考察其对企业出口决策的影响，得到出口企业对环境更友好的结论。

已有大量学者对企业出口行为展开了深入研究。张杰（2010）在对市场分割推动企业出口的研究中，选择企业的出口产品销售额是否为零来衡量企业的出口决策，而出口强度则是由出口能力以及其他与出口相关的信息来表示，如出口能力由出口与销售额之比来衡量。相似地，施炳展和冼国明（2012）对于中国生产要素价格扭曲程度影响出口行为的研究也使用企业是否出口这个虚拟变量作为因变量度量出口行为。黄玖立和冯志艳（2017）使用世界银行2005年的经营环境抽样调查数据，计算出口额在总销售中的比重来表示企业出口行为。另外，张海燕（2013）通过测算附加值贸易来表现企业的实际出口能力。国外研究也普遍使用是否出口或者出口销售额的大小来度量企业出口行为，如玛丽亚·巴斯（Maria Bas，2012）对技术与出口现状的研究；德勒克和沃津斯基（De Loecker & Warzynski，2012）对出口地位的研究。

综合来看，国内外学者以往对贸易与环境的研究大多停留在国家或行业层面，比如贸易自由化对环境的影响，绿色贸易壁垒对一国贸易规模或结构的影响等。由于微观数据的收集难度大，企业层面的贸易与环境的研究少之又少，且现有研究对于出口决策的研究居多，反而缺乏对企业具体出口行为的分析。在环境保护方面，对贸易壁垒、绿色法规等的关注居多，而对企业自身清洁生产与排污情况的研究较少。本章弥补了以上提到的研究不足，也为将环保问题纳入异质性企业贸易理论框架奠定良好的基础。

第二节 清洁生产与企业出口的理论分析

清洁生产和企业出口行为是本章的两个重要概念。联合国环境规划署给出了清洁生产的官方定义后，一些学者对清洁生产做出了更深层次的解读。何劲（2006）在其研究中指出，清洁生产是以节能、降耗、减污、增效为目标，以技术、管理为手段，在生产全过程进行排污审核筛选并实施污染防治措施，以减少甚至消除工业生产对人类健康和生态环境的影响，最终达到防治工业污染、提高经济效益双赢的综合性举措。

在对清洁生产的研究以及实践中，中国逐渐有了趋于完善的标准体系和政府监管措施。由中国清洁生产中心开展的企业自愿报名参加的清洁生产审核就是一项重要举措。因此，是否通过了清洁生产并完成验收成为一个有效的评价企业清洁生产状况的指标。

  本章研究重点是企业是否清洁生产对企业出口决策以及出口强度的影响。一般认为，清洁生产会对企业出口行为产生积极影响。主要原因有以下四个方面。首先，从清洁生产的定义上看，原材料投入的优化（节约和减少投入）在一定程度上可以减少企业的生产成本，从而增加企业的盈利能力。虽然为了减少产品全生命周期对环境造成的不利影响而要求企业研究开发新的绿色技术或是购买节能减排的生产设备，这会一定程度增加企业的生产投入，但这部分投入大多是固定成本，例如设备等固定资产的购买等。随着时间的推移，平均可变成本的减少对盈利能力的影响会更加明显。其次，张凯和崔兆杰（2005）提出，清洁生产前提是科技进步，对绿色生产技术研发的期初投入有助于企业的技术可持续提升。而根据国际贸易理论，当企业盈利能力增强后，企业的比较优势会鼓励企业拓宽市场，向海外市场渗透，也就是说企业将更有能力和意愿选择进行出口。再次，清洁生产有助于企业打出绿色品牌，这样的品牌无论是面对将环境状态看得越来越重的消费者，还是面对国外设立的绿色贸易壁垒，都将是出口企业的一大优势。最后，一些相关研究已证明了清洁生产能够促进就业。比如张彩云、王勇和李雅楠（2017）研究发现，清洁生产的推广会通过工资、市场份额等因素促进就业，就业情况的改善进而可以成为企业出口的推动力。

第三节　清洁生产与企业出口的模型设定

一、模型设定

  本章的主要解释变量是清洁生产，以企业是否通过清洁生产审核并完成验收来衡量。当考虑企业出口行为时，借鉴以往研究，使用赫克曼（Heckman）两步法进行实证分析，以消除样本选择偏误。盛丹等（2011）在研究基础设施对中国企业出口行为的影响时，考虑到基础设施好坏会影响出口决策，进而导致出口决策不是随机的，本章研究的清洁生产也可能影响出口决策，导致样本选择偏误问题。但若将非出口企业排除在外，仅对出口交货值不为0的企业进行回归，相当于使用了一个自我选择样本而非随机样本，从而使数据筛选本身造成有偏估计。只有当零贸易的发生是随机时，忽略或者剔除零出口交货值才可能不造成偏差。类似地，刘志强和白雪飞（2018）对规模经济影响创新企业出口行为的研究中也使用了赫克曼两步法来解决这一问题。基于以上分析，本研究具体的回归方程为：

$$Pr(export1_{it}=0) = \Phi(\alpha_1 c_i + \alpha_2 tfp_i + \alpha_3 age_{it} + \alpha_4 size1_{it} + \varepsilon_1) \quad (3.1)$$

$$export_{it} = \gamma_{10} + \gamma_{11} c_i + \gamma_{12} tfp_i + \gamma_{13} age_{it} + \gamma_{14} size1_{it} + \gamma_{15} \lambda_{it} + \varepsilon_2 \quad (3.2)$$

$$ex\_p_{it} = \gamma_{20} + \gamma_{21} c_i + \gamma_{22} tfp_i + \gamma_{23} age_{it} + \gamma_{24} size1_{it} + \gamma_{25} \lambda_{it} + \varepsilon_3 \quad (3.3)$$

其中，式（3.1）为赫克曼两步法第一阶段，三个回归方程的因变量分别为企业是否出口、企业的出口量和企业的出口集约边际。企业是否出口由变量 $export1_{it}$ 表示，这是一个二元虚拟变量，当企业出口交货值大于0时为1，反之为0。企业的出口量由出口交货值 $export_{it}$ 表示。企业的出口集约边际则是借鉴高翔等（2017）的研究，以出口交货值与工业销售产值之比 ex_p_{it} 表示，其中，出口交货值和工业销售产值均取自工业企业数据库。是否通过清洁生产审核并完成验收由虚拟变量 c 表示，数据来源于中国清洁生产网。c 取1时，表示通过，取0时，表示未通过。另外，根据新新贸易理论中的异质性企业贸易模型，本章再引入会明显影响企业出口行为的企业全要素生产率 tfp，以减少遗漏变量偏差。tfp 的计算借鉴周黎安（2007）的研究，利用中国工业企业数据库由LP算法得出。同时，借鉴樊娜娜（2018）的研究，除全要素生产率之外，再增加企业规模（取从业人员的对数）、企业年龄（可能与出口行为呈倒"U"型关系）作为控制变量。

二、数据说明及描述性统计

数据详情及来源如表 3 – 1 所示。

表 3 – 1 变量详情表

变量	变量名称	数据来源
c	是否通过清洁生产审核	中国清洁生产网
$export$	出口交货值	中国工业企业数据库（2011～2013 年）
$export1$	是否出口	中国工业企业数据库（2011～2013 年）
ex_p	出口交货值与工业销售产值比	中国工业企业数据库（2011～2013 年）
tfp	全要素生产率	中国工业企业数据库测算
$size1$	企业规模（从业人员对数）	中国工业企业数据库计算
age	企业年龄	中国工业企业数据库计算
λ	赫克曼两步法第一阶段提取变量	

本章选取 2011～2013 年中国工业企业数据库，并将其与中国清洁生产网于 2010 年及以前就通过了清洁生产审核和验收的企业进行企业名称匹配。具体地，在 2010 年及以前通过了清洁生产审核和验收的企业共 10519 家，与中国工业企业数据库进行匹配后，得到 4438 家企业。借鉴聂辉华（2012）的做法，本章对中国工业企业数据库剔除掉了总资产缺失或为 0 的企业、销售产值为缺失或小于 500 万元的企业、从业人数小于 8 人的企业、累计折旧小于当期折旧的企业、实收资本为 0 或缺失的企业、流动资产或固定资产大于总资产的企业。进一步地，为了研究需要，匹配面板数据剔除掉部分企业。最终样本显示，在 2010 年及以前就通过了清洁生产审核和验收的企业有 2916 家，未通过的有 119465 家，总样本企业数为 122381 家。

根据是否在 2010 年以前通过清洁生产审核及验收，将样本分为两组，分别进行描述统计。如表 3 – 2 所示，可以看到，当 $c=1$ 时，即企业通过了清洁生产审核及验收时，$export1$ 的平均值为 0.509831，表明在这些样本企业当中有51%的企业为出口企业。相对应的，$c=0$时，$export1$的平均值为0.346679，表明在这些样本企业当中有35%的企业为出口企业。这个百分比明显小于通过了清洁生产审核及验收的企业，在一定程度上支持了关于清洁生产有助于企业出口的推测。当挑选出出口交货值大于0的出口企业后，如表3-3所示，可以看到，通过了清洁生产审核及验收的企业拥有更高的出口交货值平均值，且拥有较小标准差，表明清洁生产的出口企业出口量普遍大于未清洁生产的企业。但通过清洁生产审核及验收的企业出口集约边际的变量（出口交货值占产业销售值的比值）却低于未通过的企业。如此，前文有关出口集约边际的分析受到了质疑。另外，通过了清洁生产审核及验收的企业年龄平均值大于未通过的企业，原因可能是，年长企业有更多积累的资金去完成清洁生产的升级与变革。其他指标，比如$size1$（由职工人数对数代表的企业规模）和tfp（全要素生产率）在两组间没有明显差距。

表3-2　　　　　按是否通过清洁生产审核及验收分两组描述统计

变量	$c=1$ 均值	最小值	最大值	观测值	$c=0$ 均值	最小值	最大值	观测值
$export1$	0.509831	0	1	8748	0.346679	0	1	358395
tfp	6.049359	-1.94982	10.68176	8748	5.620287	-3.68799	13.24998	358395
$size1$	6.152494	2.197225	10.27608	8748	5.629562	2.197225	11.89943	358395
age	15.17913	1	186	8748	11.44981	0	414	358395

资料来源：根据中国工业企业数据库统计所得。

表3-3　　　　　剔除非出口企业后的描述统计

变量		均值	标准差	最小值	最大值	观测值
$c=1$	$export$	321343.8	977834.2	1	1.59E+07	4460
	ex_p	0.36368	0.334931	7.68E-06	1.999056	4460
$c=0$	$export$	179048.2	1595811	1	1.71E+08	124248
	ex_p	0.520222	1.934869	0	667.9213	124248

资料来源：根据中国工业企业数据库统计所得。

第四节 清洁生产与企业出口的实证分析

一、实证结果分析

根据式（3.1）对数据进行赫克曼两步法第一阶段的 probit 模型回归。对回归系数进行边际化调整后得到的结果如表 3-4 第（1）列所示。可以看到，清洁生产的系数为 0.0722，表明当企业通过清洁生产审核及验收之后，企业选择出口的概率增加了 7.22 个百分点，且系数显著。这个结果验证了关于清洁生产促进企业做出出口决策的分析。

表 3-4　　　　　　　　　　基准回归结果

变量	（1） $export1$	（2） $export$	（3） $ex-p$
c	0.07221 *** (13.55)	668283.8 *** (37.84)	0.06543 *** (4.16)
tfp	0.010745 *** (12.86)	136010.8 *** (86.01)	-0.00019 (-0.09)
$size1$	0.13739 *** (129.98)	1518265 *** (91.22)	0.31411 *** (17.49)
age	0.00481 *** (45.64)	42013.2 *** (76.57)	0.00838 *** (13.76)
R^2	0.0568	0.0890	0.0142
样本数	367143	367143	367143

注：括号内数值为稳健标准误；*** 表示在 1% 的显著性水平上显著。

在赫克曼两步法第一阶段基础上，以出口交货值为因变量，按照式

(3.2) 进行第二阶段回归。第二阶段回归使用随机面板数据模型,此处选择随机效应模型,是因为对总体中的其他个体有推广意义,并且固定效应模型无法用于不随时间改变的变量,例如,本研究的清洁生产二元变量,得到的结果如表3-4第(2)列所示。从结果中可以看到,通过清洁生产审核及验收对于企业出口交货值有显著的正向影响。虽然回归的调整R^2很小,但这完全可以得到解释。因为除了回归所用到的清洁生产、全要素生产率、企业规模、企业年龄,还有其他的因素会解释很大一部分出口交货值。例如企业所在行业,特定的行业会具有更高的出口量,再如企业所在地区,沿海等港口城市具有更高的出口量。所以,这两个回归中所包含的因子仅能解释一部分出口交货值,但显著的正系数足以表明清洁生产对贸易企业的出口量有显著的正向影响。

根据式(3.1)和式(3.3)对数据进行赫克曼两步法第一阶段回归和随机面板数据回归后得到的结果如表3-4第(3)列。随后,进行了布劳殊(Breusch)随机效应检测,结果为显著。从回归结果中可以看到,通过清洁生产审核及验收对于企业的出口集约边际具有显著正向影响。但是,这个回归的R^2也很小,也可以理解为回归中所涉及的自变量只能解释一部分集约边际。

二、稳健性检验

(一)清洁生产影响出口量的稳健性检验

首先,进行分样本的稳健性检验,第一步为分年数据的最小二乘法线性(OLS)回归,回归的结果如表3-5所示。从表中结果可以看出,三年的回归结果都显示了清洁生产对出口量的显著正向影响。第二步分行业随机面板数据回归的结果如表3-6所示。从表中结果可以看到,清洁生产对出口量虽然依然表现为正向影响,但只有在制造业中表现显著(回归的三个行业分别为采矿业,制造业,电力、热力、燃气及水生产和供应业)。从中寻找原因,首先是因为行业本身,出口行业中制造业为热门行业,即制造业中的企业更有可能出口,出口量更多。因此,在行业制约下,清洁生产所能产生的影响便不显著了。另外,通过描述统计(见表3-7)可以发现,中国工业企业数据库中的制造业企业居多,制造业企业通过清洁生产审核及验收的企业比例明显高于采矿业,虽然略低于电力、热力、燃气及水生产和供应业,但基数大决定了本研究采取的数据中制造业的清洁生产企业最多,因此,另外两个行业也有可能因为样本数过小导致结果不显著。

表3-5　　　　　　　　　　分年对出口量回归结果

变量	(1) 2011年出口量	(2) 2012年出口量	(3) 2013年出口量
c	797421.4*** (7.21)	894445.4*** (6.73)	979729.1*** (5.65)
tfp	168987.0*** (8.91)	185146.9*** (8.08)	203074.5*** (6.86)
size1	1838280.6*** (7.03)	2056290.8*** (6.55)	2289474.9*** (5.51)
age	51546.3*** (6.60)	57092.2*** (6.20)	62754.6*** (5.23)
R^2	0.0890	0.0866	0.0766
样本数	122381	122381	122381

注:括号内数值为稳健标准误;***表示在1%的显著性水平上显著。

表3-6　　　　　　　　　　分行业对出口量回归结果

变量	(1) 采矿业	(2) 制造业	(3) 电力、热力、燃气及水生产和供应业
c	5343.9 (0.27)	740223.3*** (40.65)	284.6 (0.02)

续表

变量	(1) 采矿业	(2) 制造业	(3) 电力、热力、燃气及水生产和供应业
tfp	6318.8 *** (8.10)	150606.0 *** (90.12)	3956.6 ** (2.81)
$size1$	49093.3 *** (9.44)	1703878.3 *** (95.63)	14368.0 (1.11)
age	887.2 *** (5.14)	47834.8 *** (81.10)	417.3 (1.03)
R^2	0.0484	0.0932	0.0102
样本数	7320	355441	4382

注：括号内数值为稳健标准误；***、** 分别表示在1%、5%的显著性水平上显著。

表 3-7　　　　　　清洁生产分行业统计描述

行业	均值	最小值	最大值	观测值
采矿业	0.004781	0	1	7320
制造业	0.02388	0	1	355441
电力、热力、燃气及水生产和供应业	0.051346	0	1	4382

其次，通过改变控制变量做稳健性检验。主要的是对控制变量企业规模的替换。回归本身使用的是从业人员对数代表企业规模，在此将其替换为企业总资产值（gav）。回归结果（见表3-8）表示，清洁生产对出口量的影响依然显著，但仅达到10%的置信水平。再一步去掉控制变量，得到结果如表3-8所示。可以看到，清洁生产对出口量的影响均为显著正向。综合结果来看，经过稳健性检验，关于清洁生产显著正向影响企业出口量的分析依然成立。

第三章　企业出口行为与清洁生产

表3-8　　　　　　　改变控制变量的回归结果

变量	(1) 出口量	(2) 出口量	(3) 出口量	(4) 出口量
c	668283.8*** (37.84)	34461.6* (2.07)	59264.5*** (3.51)	69591.0*** (4.11)
tfp	136010.8*** (86.01)	21539.6*** (20.44)	29297.3*** (27.20)	
size1	1518265.4*** (91.22)			
age	42013.3*** (76.57)	-1905.9*** (-6.42)		
gav		0.0749*** (128.98)		
R^2	0.0821	0.0472	0.0201	0.0142
样本数	367143	367143	367143	367143

注：括号内数值为稳健标准误；***、*分别表示在1%、10%的显著性水平上显著。

（二）清洁生产影响集约边际的稳健性检验

我们将数据按年份分成三组，分别作 OLS 回归，得到的结果如表3-9所示。从结果中可以看到，与整体回归不同，2011年、2012年清洁生产的系数变成了显著为负，而2013年则是不显著。但理论上来说，时间并不影响清洁生产对出口集约边际的影响。因此，回归（3）的结果在稳健性检验的第一步就被否定了。

表3-9　　　　　　　对出口集约边际按年份回归结果

变量	(1) 2011年集约边际	(2) 2012年集约边际	(3) 2013年集约边际
c	-0.0780*** (-11.27)	-0.0682*** (-9.81)	0.316 (0.87)
tfp	-0.0194*** (-16.60)	-0.0235*** (-21.42)	0.0353 (0.67)

续表

变量	(1) 2011年集约边际	(2) 2012年集约边际	(3) 2013年集约边际
$size1$	-0.00666 (-0.78)	0.0104 (1.21)	0.930 (1.05)
age	-0.00203*** (-7.14)	-0.00178*** (-6.22)	0.0280 (0.99)
R^2	0.0410	0.0470	0.0045
样本数	122381	122381	122381

注：括号内数值为稳健标准误；*** 表示在1%的显著性水平上显著。

综合来看，清洁生产对于出口集约边际的影响在本研究的结果中并不显著。可能的原因是，清洁生产在正向影响出口量的同时，还对企业销售产值有影响，导致最后对二者的比值的影响不确定。为此，清洁生产相对销售产值的回归结果也被列于表3-10中，结果显示，通过清洁生产审核及验收的确对销售产值有显著正向影响。也就是说，在对出口量和销售产值的同向（正向）影响中，并不能确定清洁生产对二者比值，也就是出口集约边际的影响。

表3-10　　　　　　　　清洁生产对销售产值的回归

变量	回归结果
c	426328*** (8.97)
tfp	167356*** (61.37)
$size1$	134877*** (37.09)
age	16796.7*** (21.36)
R^2	0.0781
样本数	367143

注：括号内数值为稳健标准误；*** 表示在1%的显著性水平上显著。

第五节 研究结论与政策启示

一、研究结论

本章基于中国工业企业数据库,同时匹配中国清洁生产网有关企业清洁生产审核及验收的数据,理论分析并实证检验了清洁生产对企业出口行为的影响。结果表明,通过清洁生产审核及验收对企业出口决策和企业出口量有显著的正向影响,但对出口集约边际的影响尚不确定。

二、政策启示

基于以上研究结论,鉴于清洁生产对出口的积极影响,以及其本身对于企业可持续发展和环境可持续发展的积极影响,更多的企业应被鼓励加入清洁生产的行列中。不过从孙晓峰等(2010)的统计来看,到 2010 年为止,仅有 3.25% 的规模以上企业引入了清洁生产。这个百分比表明我国清洁生产的推广还有巨大的潜力与上升空间。为了达成这一目标,政府、企业乃至消费者都应该付出努力。政府层面,例如中国清洁生产中心,应该尽快完善清洁生产审核标准,不断加大审核推广力度,并同时完善清洁生产的培训体系。企业则应不仅着眼于短期利益和价格竞争,更应该看到可持续发展的长期收益,并将环保等企业社会责任纳入发展考量。在消费者方面,有能力的消费者不应仅仅着眼于低价,更应有环保意识,支持绿色产品。

企业社会资源与环保治污

第一节 企业社会资源的研究背景

改革开放以来,中国经济发展取得的成就举世瞩目。近年来,中国成为世界第二大经济体,而且一直保持着中高速的经济增长。然而,过去很长一段时期粗放的经济增长模式导致了严重的环境问题。这一过程中,企业作为市场的主体既是增长的贡献者,也是污染的制造者,因此,环保治污企业责无旁贷。遗憾的是,我国企业的表现尚不尽如人意,比如环境保护部公告显示,2015年共有29省份的662家国家重点监控企业欠缴排污费,数目达到6.96亿元。对于这一现象,一些研究从消费者的购买行为(邓德军等,2011)、政府的环境规制强度(唐国平等,2013)等角度给出了可能的原因。本章将从企业社会资源的角度,探讨其对企业环保投入的影响。

那么企业的社会资源与环保投入间是否存在某种关系?企业社会资源又是否会影响其排污费的缴纳?为了回答这些问题,本章利用中共中央统战部、中华全国工商业联合会、国家工商行政管理总局和中国民(私)营经济研究会共同组织的全国私营企业调查,选取2008年和2010年的调查数据,对企业社会资源与环保投入、排污费的关系进行实证分析。选择私营企业作为样本是因为与国有企业相比，它们在很多方面依然处于弱势地位，为了寻求更好的发展环境和条件，企业会主动寻求社会资源，这也自然嵌入了现在愈发重要的环保治污方面的企业行为与反应。本章的创新之处在于同时丰富了企业社会资源和环保治污两方面的研究，结论也有助于政府采取措施合理引导企业清洁生产、保护环境。

第二节 企业社会资源与环保治污的理论分析

环保投入作为一种保护环境、减少污染的行为，是指企业通过提高生产技术或者购买环保处理设备来减少企业生产过程中的污染排放。缴纳排污费除了作为政府对企业污染排放收取的费用之外，也可标志企业履行了社会责任。普费弗和萨拉尼克（Pfeffer & Salancik，1978）研究指出，因为环境的不确定性和缺乏足够的资源，为了保障自身利益，减少和避免环境变化带来的冲击，资源的需求者对资源所有者的依赖关系不得不建立，当资源变得越重要且越不可替代时，这种依赖关系越深。但如果社会资源为私营企业带来的只有更多的支出和社会责任，却没有其他的优势和收益，恐怕它们没有动力去积极寻求资源。现有文献表明，私营企业的社会资源也是一项重要的社会资本，可以显著提高企业能力及其绩效，并帮助企业生存下去（唐松和孙铮，2014）。企业主会将收益增加的一部分转向社会，从而为企业加大环保投入奠定良好的经济基础。从这一角度来看，私营企业的社会资源将有利于环保治污。

2003年我国开始施行《排污费征收使用管理条例》（简称《条例》），此举是为了更好地管理排污费的征收和使用，通过对污染企业征收高额的排污费从反面激励企业进行绿色生产、减少排放。《条例》第二条表明，排污者向城市污水集中处理设施排放污水并缴纳污水处理费的，不再缴纳排污费。排污者建成工业固体废物贮存或者处置设施、场所并符合环境保护标准,或者其原有工业固体废物储存或者处置设施、场所经改造符合环境保护标准的,自建成或者改造完成之日起,不再缴纳排污费;第十五条表明,排污者因不可抗力遭受重大经济损失的,可以申请减半缴纳排污费或者免缴排污费。由此看来,政府对部分企业采取政策性免征,构成排污优惠政策。显然,这一政策是稀缺的,最终享受政策的企业名额是有限的。正确地实施政策会减轻企业生产成本,提高社会效率,但是,如果企业通过社会资源使优惠政策优先颁给自己,这时资源的扭曲配置会降低社会福利,甚至加重环境污染。对于企业而言,企业的污染成本降低,从而失去了相应的反面激励主动进行环保治污,其环保投入自然也会随之减少。这样看来,企业社会资源也可能不利于企业的环保治污。那么现实中两者的关系到底如何?本章将通过实证模型进行验证。

第三节 企业社会资源与环保治污的模型构建

一、数据来源

本章使用的 2008 年和 2010 年全国私营企业调查数据来自中共中央统战部、中华全国工商业联合会、国家工商行政管理总局和中国民(私)营经济研究会共同组织的全国抽样调查。其依托各省份工商联和工商局,自 1993 年开始每两年在全国范围内按一定比例(大约 0.05%,每次比例略有差异)进行多阶段抽样,即在各省份按经济发展水平抽取县和县级市,再按城乡与行业分布随机抽取被调查企业。调查样本涵盖我国 31 个省、自治区和直辖市(不包括香港、澳门、台湾)的所有私营企业,覆盖面广、代表性强。不仅如此,该数据在目前国内关于私营企业的全国性调查中对于企业主个人特征的反映最为集中。

二、变量说明

被解释变量包括私营企业的环保投入支出（epi）和排污费（sc），解释变量包括社会资源（pc），借鉴以往研究（罗党论和刘晓龙，2009；梁建等，2010），如果私营企业主担任人大代表或者政协委员，则其定义为拥有社会资源，记为1，否则为0。控制变量包括企业所在行业、规模和盈利能力等，它们可能会对环保治污产生影响。此外，由于排污费的征收涉及内部监督和外部监管，我们在模型中加入企业控制权集中度（control）、企业内部是否有监事会（is），以此衡量内部监督程度。结合数据特点，本章采用企业东部、中部、西部区域分布来度量外部监管力度。我国东部市场机制相对健全，法律法规和市场监管制度较为完善，其次是中部，最后是西部。企业是否拥有环保产品和服务、政府是否给予企业环保技改支持，都可能对企业的环保治污造成影响。企业以往的污染排放会影响现在的环保投入水平，故需加入污染罚款金额作为对企业之前污染水平的度量，后文将会对此进一步展开。各变量定义如表4-1所示。

表4-1　　　　　　　　　　变量定义

变量	符号	变量定义
环保投入	epi	上一年企业环保投入（元）的对数值[a]
排污费	sc	上一年企业排污费（元）的对数值[b]
社会资源	pc	企业主是否是人大代表或政协委员，是=1，否=0
行业	industry	企业所处的轻、重污染行业[c]，重污染行业=1，轻污染行业=0
控制权集中度	control	企业主是否兼任总裁或总经理，是=1，否=0
环保产品或服务	x_1	企业是否拥有环保产品或服务，是=1，否=0
盈利能力	pro	上一年净利润（万元）的对数值
政府环保技改支持	x_2	政府是否给企业提供环保技术方面的技改支持，是=1，否=0

续表

变量	符号	变量定义
区域分布—东部	east	企业所在区域，东部 = 1，其他 = 0
区域分布—中部	middle	企业所在区域，中部 = 1，其他 = 0
区域分布—西部	west	企业所在区域，西部 = 1，其他 = 0
企业规模	size	当年企业全年雇佣的员工人数
监事会	is	企业是否有监事会，是 = 1，否 = 0
污染罚款	pf	上一年企业污染罚款（万元）的对数值[d]

注：a 考虑到部分企业环保投入为 0，故原投入为 0 的数据仍保留 0 值，原数据在 0~1 之间，加上 1 取对数，大于 1 的直接取对数；b 排污费处理方法同环保投入；c 根据 2010 年 9 月 14 日环保部公布的《上市公司环境信息披露指南（征求意见稿）》，再结合私营企业自身特点，将采矿业、制造业、电力煤气水业、建筑业、交通运输业这五大行业记为重污染行业，其余行业记为轻污染行业；d 污染罚款处理方法同环保投入。

三、描述性统计

如表 4 - 2 所示，2010 年，私营企业环保投入（epi）和排污费（sc）的平均值分别为 4.8103 和 4.2792，均大于 2008 年的 3.2395 和 3.5421，表明 2010 年在环保治污方面的支出较 2008 年有所增加。至于解释变量社会资源（pc），2010 年具有社会资源的私营企业比例为 69.31%，稍高于 2008 年的 60.28%，表明具有社会资源的私营企业在全体企业中的比例在增加，且远远高于世界其他国家 8% 的平均值（Faccio，2006）。值得注意的是，分行业来看，2010 年，行业（industry）均值为 0.5516，表明轻、重污染行业基本各占一半，而 2008 年行业均值为 0.1186，表明重污染行业的企业占比较少，绝大多数企业属于轻污染行业。2010 年，私营企业盈利能力（pro）的平均值为 4.8253，2008 年为 4.0318，私营企业净利润总体增加表明企业盈利能力的提高，这为企业的环保治污投入奠定了良好的经济基础。此外，2010 年，企业规模（size）的平均值为 303，略微大于 2008 年的 218，两年之间私营企业样本规模总体上变化不大，基本保证了样本企业的相似性。私营企业监事会（is）的2010年平均值为0.3532，表明有35.32%的私营企业内部存在监事会。

表4-2　　　　　　　　　　变量的描述性统计

变量	2010年 环保投入 均值	标准差	2010年 排污费 均值	标准差	2008年 环保投入 均值	标准差	2008年 排污费 均值	标准差
epi	4.8103	5.6476			3.2395	5.0750		
sc			4.2792	4.7955			3.5421	4.7773
pc	0.6931	0.4615	0.6906	0.4626	0.6028	0.4898	0.6020	0.4900
$industry$	0.5516	0.4977	0.5511	0.4977	0.1186	0.3236	0.1188	0.3239
$control$	0.6045	0.4893	0.6056	0.4891	0.8755	0.3305	0.8752	0.3308
x_1	0.0317	0.1754	0.0319	0.1758	0.0652	0.2472	0.0653	0.2474
pro	4.8253	1.9144	4.8145	1.9091	4.0318	2.1464	4.0479	2.1314
x_2	0.0966	0.2956	0.0956	0.2943				
$east$	0.6336	0.4821	0.6335	0.4822				
$middle$	0.1799	0.3844	0.1806	0.3850				
$west$	0.1865	0.3898	0.1859	0.3893				
$size$	303	711	299	707	218	715	219	7169
is	0.3532	0.4783	0.3533	0.4783	0.3419	0.4748	0.3426	0.4750
pf	0.1951	1.3387	0.1959	1.3413	0.1683	1.2337	0.1818	1.2685

资料来源：根据2008年和2010年全国私营企业调查数据统计所得。

第四节
企业社会资源与环保治污的实证分析

一、实证分析

在本章研究企业社会资源与环保投入关系的756个样本中，环保投入数额为 0 的有 394 家，占比 52.12%，样本出现角点解。此时，如果使用普通最小二乘法，结果是有偏且不一致的。Tobit 模型恰好适用于这种正值连续分布但以正概率取零值的数据结构，可以确保得到无偏且一致的估计。

$$epi = \alpha_0 + a_1 pc + a_2 industry + a_3 control + a_4 x_1 + a_5 pro + a_6 x_2 + a_7 east +$$
$$a_8 middle + a_9 size + a_{10} is + a_{11} pf + \varepsilon \tag{4.1}$$

$$sc = \beta_0 + b_1 pc + b_2 industry + b_3 control + b_4 x_1 + b_5 pro + b_6 x_2 + b_7 east +$$
$$b_8 middle + b_9 size + b_{10} is + b_{11} pf + \delta \tag{4.2}$$

其中，α_0 和 β_0 为常数项，a、b 为回归系数，ε 和 δ 为残差。

（一）基准估计

如表 4-3 所示，社会资源对企业环保投入的影响显著为正，即具有社会资源的私营企业会增加环保投入支出。控制变量方面，2010 年，行业的回归结果显著为正，说明重污染行业的企业环保投入显著增加；2008 年，轻、重污染行业分布不均，回归结果不显著。关于企业内外部监管对环保投入的影响，两年数据均显示，企业控制权集中度，即企业主是否兼任总裁或总经理，对环保投入没有显著影响，但是，企业内部监事会的存在却能显著促进企业的环保投入，有监事会的企业内部监管力度相对较强，良好的内部监督能有效地促进企业承担环境保护的责任。企业是否拥有环保产品或服务对环保投入均为正向作用，2008 年结果在 5% 的水平上显著。原因可能是，企业为了更好地研发环保产品或服务，势必进行大量投入，这些支出直接进入了企业的环保投入项目，所以结果显著为正。净利润显著促进环保投入，净利润越大，盈利能力越强，在环境保护上的投入自然也会增加。此外，政府的环保技改支持对环保投入也有显著正向影响。一方面，政府通常会对企业进行环保技改支持，环保企业的环保投入相对其他企业偏高；另一方面，为了显示没有辜负政府的技改支持，企业可能存在增加环保投入的动力，表明对环境保护的重视和贡献。企业污染罚款的影响显著为正，污染罚款越多，说明企业上一年的污染较为严重，会因此增加环保投入支出来减轻自身当年的污染排放。与此同时，社会资源对企业排污费的影响也显著为正（2010年在10%的水平上显著，2008年在1%的水平上显著），验证了先前的假设。控制变量方面，两年的系数与环保投入的回归结果基本保持一致。

表4-3　　社会资源与环保投入、排污费的回归结果

变量	2010年 epi	2010年 sc	2008年 epi	2008年 sc
pc	1.8256** (0.8413)	1.1676* (0.6837)	3.3210** (1.5223)	3.2827*** (1.1665)
$industry$	4.7070*** (0.7775)	2.9175*** (0.6294)	1.3738 (1.9939)	-0.3815 (1.6158)
$control$	-1.2567 (0.7658)	-0.5889 (0.6259)	4.9592** (2.3635)	1.4449 (1.6626)
x_1	0.4250 (2.0232)	1.9744 (1.6449)	5.5991** (2.4847)	3.7126* (1.9991)
pro	1.1264*** (0.2258)	0.8204*** (0.1848)	1.3590*** (0.3804)	1.1309*** (0.2897)
x_2	4.8173*** (1.1776)	2.6644*** (0.9911)		

区域（参照组：西部）

东部	-0.5823 (0.9969)	-0.4863 (0.8079)		
中部	0.0271 (1.2227)	0.6217 (0.9846)		
$size$	0.0009* (0.0005)	0.0006 (0.0005)	0.0009 (0.0008)	0.0003 (0.0007)

续表

变量	2010 年		2008 年	
	epi	*sc*	*epi*	*sc*
is	2.2763 *** (0.7962)	1.2940 ** (0.6525)	1.0709 (1.4728)	-0.3580 (1.1453)
pf	0.8079 *** (0.2491)	0.4833 ** (0.2109)	1.6911 *** (0.4498)	1.0536 *** (0.3610)
常数项	-9.8950 *** (1.6092)	-5.4551 *** (1.2726)	-19.0920 *** (3.0637)	-10.4212 *** (2.0509)
调整 R^2	0.0513	0.0343	0.0430	0.0301

注：括号内数值为稳健标准误；***、**、* 分别表示在1%、5%、10%的显著性水平上显著。

（二）行业分布影响：分轻、重污染行业的估计

一般而言，环保投入和排污费在污染较重的企业中支出较大，而在轻污染企业中支出较少。据此，本章解释变量社会资源应该只在重污染行业的私营企业中起到重要作用，在轻污染企业中的作用较小。我们按照行业污染程度进行分类检验，结果如表 4-4 所示。社会资源对环保投入的正向影响只在重污染行业中显著，且远远大于轻污染企业。但是，社会资源对排污费的影响在轻、重污染企业中均不显著。控制变量方面，净利润在轻、重污染企业中对环保投入和排污费均有显著的正向影响，但在重污染企业的显著性要高于轻污染企业。政府的环保技改支持对重污染行业企业的环保投入和排污费均有显著正向影响，面对轻污染行业的积极作用主要体现在环保投入上。企业内部监督方面，监事会的存在对重污染企业的环保投入和排污费正向作用显著，对轻污染企业作用不显著。在重污染企业，对污染的控制自然成为内部监督的重点。上一年的污染罚款对环保投入和排污费的显著正向作用在全行业保持一致。

表 4-4　　　　　　　　按行业分类回归结果

变量	epi 重污染行业	epi 轻污染行业	sc 重污染行业	sc 轻污染行业
pc	2.0635** (0.9726)	1.4084 (1.6121)	1.1467 (0.8324)	1.4121 (1.1842)
$control$	-0.5437 (0.9076)	-2.3288 (1.4341)	-0.3005 (0.7800)	-0.8698 (1.0600)
x_1	0.3303 (2.1033)	1.8622 (4.9302)	2.0199 (1.7687)	1.3925 (3.8060)
pro	1.1866*** (0.2533)	0.9820** (0.4662)	0.8592*** (0.2183)	0.7834** (0.3464)
x_2	3.9916*** (1.2587)	7.3770*** (2.6631)	2.9002*** (1.0962)	1.7602 (2.0854)
区域（参照组：西部）				
东部	2.0865* (1.2615)	-0.8768 (1.7242)	0.9536 (1.0721)	-2.1437* (1.2817)
中部	1.7456 (1.5047)	-2.2132 (2.1991)	0.5345 (1.2918)	1.1743 (1.5568)
$size$	0.0004 (0.0005)	0.0035** (0.0015)	0.0004 (0.0005)	0.0016 (0.0012)
is	2.4148*** (0.9224)	1.9693 (1.5545)	1.4725* (0.7908)	1.2481 (1.1541)
pf	0.6155** (0.2604)	1.5108** (0.5943)	0.4645** (0.2277)	0.6155 (0.4674)
常数项	-6.7682*** (1.9354)	-9.1392*** (2.9010)	-3.6901** (1.6388)	-4.9100** (2.0605)
调整 R^2	0.0390	0.0382	0.0282	0.0260

注：括号内数值为稳健标准误；***、**、* 分别表示在 1%、5%、10% 的显著性水平上显著。

（三）稳健性检验

本章还进行了以下稳健性检验：采用是否拥有属于清洁可再生能源的产品或服务来代替企业是否拥有环保产品或服务；采用政府是否给予企业节能减排的技改支持来替代政府环保技改支持。本章的研究结论都未发生实质性改变。[①]

第五节
研究结论与政策启示

一、研究结论

研究结果表明，社会资源对企业的环保投入和排污费具有显著的正向作用，且结果稳健。按照污染轻重进行的行业分类估计显示，这种显著的正向关系只体现在污染较重的企业中，而在轻污染企业中的作用不显著。进一步地，污染罚款这一控制变量作为企业上一年污染程度的度量，对环保投入和排污费的正向作用十分显著。当不控制污染罚款时，社会资源对环保投入和排污费的正向作用被低估。

二、政策启示

虽然我们发现社会资源对企业的环保治污具有正向作用，但值得注意的是，当企业社会资源程度较低时，企业社会责任意识占优，社会资源仍然正向促进环保治污；一旦企业社会资源强度较高时，对环保治污

---

① 2008年和2010年的回归结果均稳健，限于篇幅原因，不再列出，有兴趣的读者可向作者索取。

则体现为负向影响。对于如何激励企业加大环保治污投入，本章的研究为此提供了可能的发现和建议，比如企业内部监督对环保治污投入具有显著的促进作用，从内部治理出发，强化监事会的作用，发挥其良好的监督功能，会使企业更好地承担环境保护的社会责任。由于调研数据的限制，研究不可避免地存在一些局限，如果能将截面数据换为面板数据可能会进一步提高结论的稳健性，同时对私营企业环保治污投入的动因做出更好的解释。

城市篇

第五章

城市出口与空气污染

第一节
贸易与环境的相关研究

党的十九届五中全会提出,要加快构建以国内大循环为主体、国内国际双循环相互促进的新发展格局,这是着眼于"十四五"和未来更长时期我国经济社会发展的重大战略部署。我国 GDP 总量迈上百万亿元新台阶,但面临的风险和挑战比以往任何时候都更加复杂和严峻。百年未有之大变局叠加新冠肺炎疫情全球大流行,经济全球化遭遇逆全球化、单边主义和贸易保护,都对过去 40 多年来我国经济快速稳定的增长路径形成前所未有的冲击。特别是,依靠贸易和投资参与国际分工及其全球价值链地位的不断攀升所形成的对国际循环的高度依赖恐难持续或将加速下降,这一背景之下,优化外贸增长,还要发挥其对国内大循环的促进作用,不仅需要面对本身从大规模到高质量的转型问题,而且在对技术创新、环境污染等国内产业链各个环节产生的影响上势必需要因势利导。

因此,"双循环"新发展格局下,外部经济环境不确定性提高进一步加剧了自身技术创新驱动高质量增长的紧迫性,由此产生的一个关键问题是，能否通过出口的稳定增长引致技术创新推动绿色发展，最终实现环境与经济增长的相容？显然，绿色增长是应对全球环境污染和资源危机等问题的主要途径，而绿色技术创新便是结合创新和可持续发展提出的新的创新理念。与传统的创新相比，绿色技术创新不仅包括传统创新中的经济、社会维度，还包括环境维度（中科院可持续发展战略研究课题组，2010），即注重创新产生的环境和资源绩效。这里，绿色技术创新又与出口贸易关系密切（景维民和张璐，2014）。目前，对我国出口增长究竟是外部消费需求导致污染加剧（张友国，2009；余丽丽和彭水军，2017），还是能够帮助降低学习先进清洁生产技术的成本进而改善环境（沈利生和唐志，2008；代丽华等，2015）尚存很大争议。本章的边际贡献主要体现在两个方面。第一，目前，我国传统的低要素成本优势已不可持续，国际循环优势明显减弱，巨大的市场优势和创新潜能加快显现。城市出口如何在谋求更高水平的国际循环时促进更高质量的国内循环，其对国内技术创新的提升进而推动空气污染治理显得十分重要。本章基于理论和实证分析，在考虑城市出口的"虹吸效应"和国内技术创新的"涓流效应"的基础上，将为"双循环"背景下处理外循环、内循环以及增长、污染之间的关系提供依据或政策借鉴。第二，城市出口与空气污染问题，既是一个国际贸易问题，又是一个区域经济问题，还是一个环境治理问题。本章对城市出口与空气污染研究文献的系统梳理，属于多学科交叉研究的应用，对于如何维持经济增长并有效减少空气污染具有十分明显的现实意义，而且有利于政策制定的全面性和实践性。

本章利用 2003~2015 年我国 270 个地级城市面板数据，采用空间计量和工具变量等方法实证研究城市出口对空气污染的影响，创新之处在于以下三个方面。第一，为研究不同城市出口对空气污染的影响，本章基于中介效应检验和空间计量模型，通过直接影响和空间溢出双重机制来考察城市出口对空气污染的作用机理。将"虹吸效应"和"涓流效应"纳入技术创新传导过程，更能准确揭示城市出口对空气污染的影响渠道。第二，将技术创新分为传统技术创新和绿色技术创新，研究城市出口引致技术创新的绿色导向。第三，选择城市出口滞后项、海外市场可达性及其空间滞后项和公路密度等作为工具变量解决模型的内生性问题。第四，从空间维度验证了城市出口对空气污染影响的空间溢出效应，即周边城市出口对本地空气污染治理具有促进作用。

第二节 文献综述与理论假说

自20世纪90年代以来，贸易与环境一直是国际社会和学术界共同关心的热点话题。贸易与环境之间关系复杂，对两者关系的研究长期以来也存在很大争议。一方面，部分学者认为，贸易会导致环境的长期恶化。首先，贸易引发的外部需求激增会使出口规模扩大，进而导致本国资源的过度消耗，以及生产和运输等环节的污染排放加剧（Streets et al.，2006；Wang et al.，2017）。其次，从污染产业转移和贸易规模效应的角度来看，对外贸易也会使环境质量显著恶化（Grossman & Krueger，1991；Copeland & Taylor，2004；Li et al.，2015；Wiedmann & Lenzen，2018）。另外，贸易可能对环境产生积极影响。在总体出口扩张的同时，企业会通过引入新技术或革新生产方式提高生产率，减少污染排放。而且，通过开放吸引大量外商直接投资，一定程度上有利于国外先进技术转移，通过技术外溢效应提高东道国的创新能力和清洁技术，进而改善东道国环境质量（Shafik & Bandyopadhyay，1992；Palmer et al.，1995；Antweiler et al.，2001；Baek et al.，2009；Popp，2011）。格罗斯曼和克鲁格（Grossman & Krueger，1991）总结了贸易对环境产生影响的三种效应——规模效应、技术效应和结构效应。其中，规模效应是指贸易引起的经济规模扩张导致环境污染加剧；技术效应反映了贸易通过企业不断提升劳动效率和能源效率，进而影响环境质量；结构效应是指贸易通过强化比较优势和专业化分工等途径引发一国产业结构的变化，进而对污染排放水平产生影响。一般而言，规模效应会加剧一个国家或地区的环境恶化，但当生产结构从"污染产品"向"清洁产品"转换或者采用更为清洁的生产技术时，贸易反而会使环境质量得到改善（钟娟和魏彦杰，2019）。

不难看出，技术创新是可能改善贸易的环境效应的重要途径。自熊彼特（Schumpeter，1911）在其《经济发展理论》一书中首次使用"创新"一词以来，后人对创新的理论和实践进行了大量研究。创新是把生产要素和生产条件的新组合引入生产体系，这些新组合具体包括引进新产品或改进产品、引入新工艺或生产方式、开辟新市场、控制新的原材料和建立新的组织五个方面。从创新过程来看，也可分为工艺创新、产品创新和组织创新。大量研究表明，创新在推动经济增长（Iyigun，2006；Stephens et al.，2013；Roldan & Cavenaile，2016；Hanusch et al.，2017）、优化产业结构（Stiglitz，1980；Teece，1996）、促进企业成长（Knight & Cavusgil，2004；Adner，2002；Workman，2004）等方面起到了重要作用。目前，世界各国的科研投入和技术创新成果主要集中在发达国家。发展中国家利用国际贸易的技术溢出效应以及直接的国际技术转移，从发达国家引进先进技术，促进国内技术创新（Grossman & Helpman，1990）。发展中国家在技术创新中处于模仿和从属地位，其技术进步在很大程度上依赖于国外技术（Walz，1997）。但这也造就了发展中国家的后发优势，这种后发优势体现在发达国家与发展中国家的技术差距中，表现为发展中国家在对国外先进技术的模仿、消化、吸收和加以改进中受益（Spulber，2008；Fernandes & Paunov，2010）。在此过程中，发展中国家不仅可以从静态上提高其技术存量水平，缩小与发达国家的技术差距，提高技术能力，同时也从动态层面通过多种渠道和机制促进其技术创新能力的提高和创新机制的形成（Williams & Woodson，2012）。如今，越来越多的研究开始从传统技术创新转至绿色技术创新（Schiederig et al.，2012；Song & Yu，2018；Wang et al.，2019）。绿色技术创新不仅能够通过先进的生产工艺和技术减少污染排放，而且还能提高末端治理效率，同时运用高新技术减少能源的过度消耗与利用，进而缓解能源消耗产生的环境污染（Wurlod & Noailly，2018）。值得一提的是，技术进步与技术创新存在区别。当技术进步所要求的经济条件已经存在，且所需知识和能力均已具备的条件下，技术进步就能实现。技术创新是把理论形态或信息形态的科技成果转变为实际产品，它运用新技术或改进原有技术进行生产活动，对企业自身能力以及全社会的经济、政治、文化等均有较高要求（Kline & Rosenberg，2010）。

此外，在区域或者空间层面，贸易和空气污染的相关性值得被进一步重视。正如地理学第一定律，空间相关性是所有被研究对象的普遍规律（Anselin，1988）。尤其是雾霾污染，会通过大气环流、大气的化学作用等自然因素扩散到其他地区。目前，一些研究已经证实了这种空间相关性（Madariaga & Poncet，2007；Poon et al.，2006；Chen et al.，2017；邵帅等，2016）。比如，污染严重的城市通常被其他污染严重的城市包围、经济发达城市密集地位于长江三角洲和珠江三角洲等。这些研究均在一定程度上表明区域经济、出口贸易与空气污染的空间相关性，忽略这一特征可能会导致有偏差的估计（Rupasingha et al.，2004；Maddison，2006）。

综上所述，贸易对环境污染的影响众说纷纭，规模效应、技术效应和结构效应是通常较多关注的三个方面。然而，研究结果表明，这种影响既有正向的也有负向的或是不确定的，显然这不利于研究结论为针对性政策的制定提供参考。鉴于多数研究已经基于三种效应研究贸易对环境污染的综合影响，本章不再局限于讨论城市出口的上述效应，而是从空气污染治理实践出发，重点关注城市出口如何让城市更清洁。因此，本章基于出口的"干中学"理论，选择以城市出口引致的技术创新为切入点，深入分析城市出口引致的技术创新在减缓空气污染方面的作用。总体上，就贸易与空气污染的关系而言，至少以下四个方面值得进一步研究。第一，亟待证明我国城市出口对空气污染究竟是怎样的影响，包含对不同属性城市的异质性分析。多数研究均从进口和外商直接投资（FDI）的角度研究国际贸易对技术创新的影响。然而，出口同样可能产生技术溢出进而诱发技术创新。通过"边学习边出口"，国内企业可以提高自身的技术水平和能力。国外客户制定比国内客户更高的质量和技术标准，为了获得高质量、低成本的产品，他们通常会向供应商提供相关的产品设计和技术援助。根据埃文森和威斯特法尔（Evenson & Westphal，1995）的观点，出口导致的经济增长部分归因于出口所带来的技术外部性。霍尔沃德·德里迈尔等（Hallward-Driemeier et al.，2002）发现，与其他国内制造商相比，潜在出口商更致力于提高生产率和产品质量。第二，现有研究多数考虑贸易对本国城市技术创新的单向影响，较少考虑城市出口引致的技术创新在城市与城市之间存在怎样的相互关系，而这类研究才对现阶段"双循环"背景下的政策设计具有较好的借鉴意义。城市出口引致技术创新的来源不再仅限于发达国家，还应包括其他周边发达城市。随着经济全球化遭遇逆流，全球产业链风险加大，畅通国内大循环、加快构建新发展格局已成为提升本国经济自主性和可持续性的重要选择。第三，多数研究未在研究中区分传统技术创新与绿色技术创新，或仅考虑贸易对技术创新的影响，却未深入研究城市出口引致技术创新的绿色导向。第四，大量研究忽视了城市出口的空间相关性，缺乏对周边城市的空间溢出效应的分析。

假说 5.1：我国城市出口对减少本地空气污染具有积极作用。

理论上，国际贸易对一国环境的影响并非直接或线性的。作为经济活动的重要组成部分，一方面，一国贸易规模的扩大可能伴随着对自然空间的占用和资源的过度消耗。为提高本国产品在国际市场上的竞争力，部分国家降低环境标准，导致"向下竞争"的现象（Daly，1993；Ayres，1989；Esty & Dua，1997）。另一方面，贸易具有"收入效应"，国际贸易促进了国民收入的增长，从而使得人们对生活质量和环境提出了更高的要求，并有能力改善当前环境状况（Cole，1999）。总体上，国际贸易对环境的影响是不确定的，这取决于正负效应的综合结果。至于我国城市出口对空气污染的影响，同样也存在不同的观点。一方观点认为，随着我国城市出口快速增长，雾霾等空气污染随之加剧，我国城市出口对空气污染的恶化作用已被证实（邓柏盛和宋德勇，2008；李锴和齐绍洲，2011）；另一方观点认为，出口的增长促进了能源环境效率的提升（林伯强和刘泓汛，2015）。其实，我国出口总值逐年扩大，至 2019 年已有

2000年的10倍之多，达到2.5万亿美元[①]，而近些年来我国雾霾情况有向好趋势，2019年，全国平均霾日数25.7天，比近5年平均值减少10.7天[②]。当然不能排除可能是因为民众环保意识以及政府环境规制等的日益增强，但出口与环境污染之间的关系确实变得更为微妙，很有可能表明我国城市出口通过技术创新等效应减轻了空气污染。不过，这种效应即使存在，可能很大程度上取决于不同的城市属性，即不同类型的城市其出口对雾霾的影响可能不同。

假说5.2：城市出口通过技术创新降低空气污染。

当代国际贸易的一个特点是产品价值链的延伸，产品的生产可能涉及多个国家共同参与。城市出口需要进口国对关键材料和设备进行生产，与此同时给国内带来了模仿的动机，而模仿的本质就是一种学习新技术、新工艺的过程（陈雯和苗双有，2016；Connolly，2003）。国内企业在生产过程中不断探索、了解和吸收国外同行的知识和技术，逐步培育这些中间产品的生产能力，不断提高技术创新的水平（Bloom et al.，2016；Shu & Steinwender，2019）。其中，出口引致的技术进步是极其重要的，企业为了增加出口从而获取更多利润，通过进口国外先进技术，无论是成套生产设备等硬件，还是专利技术等软件，都直接提高了本国的技术存量，创新生产工艺，从而提升国内有形的清洁技术能力（Hobday，2005）。而技术的引进往往伴随着学习和掌握新技术的过程（Helpman & Rangel，1999；Boothby et al.，2010）。例如，企业在引进技术项目时，一般需要现场指导和培训，员工可以通过接受培训和应用技术的过程来消化和吸收先进的技术知识。因此，技术引进可以通过促进员工学习和掌握新技术来提高一个国家的技术水平（陆蓓和林纪荣，2001）。反过来，这些技术能力为发展中国家未来的二次技术创新奠定了基础。在这个过程中，技术创新开始发生，发展中国家的技术创新水平有所增强。与此同时，在出口过程中，国外消费者会对产品的性能进行不断反馈

[①] 《中国统计年鉴》（2020年）。
[②] 《大气环境气象公报》（2019年）。

(Fedor et al., 2001),以便企业根据市场需求改善产品结构(Johnson & Ferstl, 1999)。最后,通过进口更新更好的中间品,进口国的生产率水平会借助其贸易伙伴的研发效应和技术扩散得到提高(Grossman & Helpman, 1993)。

假说5.3:城市出口引致的技术创新具有绿色特征。

出口的扩张往往和中间品的进口密不可分。为了达到更好的出口,企业会选择投入更适合国外需求的进口中间品。进口的中间品中不仅含有专业技术知识和国外研发成果,还包含了国外的绿色理念。国内厂商将其投入本国生产中,以较低成本获取先进技术的同时也产生了"环保溢出"。考虑到贸易的技术效应,城市的创新能力和模仿能力随着出口的增长而提高,产品的创新和制造逐步从发达国家向国内转移(王华,2010;Boso et al., 2013)。因此,城市出口对促进发展中国家形成技术后发优势,迅速完成产业结构调整升级具有重要作用(Pegels & Altenburg, 2020)。出口城市的生产趋于集约化和清洁化,产业结构将进一步趋近高技术、清洁化,高新技术产品和清洁产品在制成品出口中的比重不断提高,最终促进发展中国家的绿色发展(Lu et al., 2020)。

城市出口作为链接外部发达经济体的桥梁,还会通过改变企业和个人的思维方式,促进城市绿色创新意识的提升,对城市绿色创新机制的形成和能力的提高具有重要意义(Wu & Ma, 2016)。在一个发达的出口城市,随着出口增长,其经济条件逐渐改善,人们对环境的需求日益增强,进而会影响城市的绿色意识、消费者的低碳消费习惯和清洁商业模式(Kaebernick, 2003)。政府会充分重视清洁技术创新,为其创造良好的外部条件和环境。同时,基于消费者的绿色创新意识,不断接受低碳环保产品,形成对绿色技术创新的潜在需求(Yu, 2016)。市场意识较强的企业密切关注绿色技术创新的市场需求,投入足够的资源进行清洁产品的研发活动,将潜在需求转化为实际效益。总体上,城市出口可以促进学习世界先进技术,达到绿色创新效果。在城市出口过程中获得的知识和技术激发绿色创新成果,进而降低空气污染,也十分契合"干中学"效应理论。

假说5.4：城市出口对空气污染的影响具有空间溢出效应。

以往研究发现，城市或行业的发展具有一定的集聚效应（潘文卿，2012）。这本身就暗含贸易活动也将呈现一定的空间相关性。目前，大多研究基于面板计量模型分析贸易与环境污染的关系，但现实中城市之间的空气污染并非完全独立。因为受到海拔、风向、水流、湿度等客观因素的影响，一个城市的空气质量必然受到周边地区的影响（许和连和邓玉萍，2012）。所以，本地的空气污染不仅受到本地城市出口的影响，也可能会受到周边城市的影响（钟昌标，2010）。理论上，周边城市的出口也会对本地空气污染产生影响，其主要机理是基于出口引致的技术创新的转移。在现实的经济发展中，经济区域之间由于相互影响而产生技术传播现象。城市出口可以引起本地技术创新，技术创新引起的经济增长使生产要素和经济活动不断向周边区域流动或转移。这种转移加深了区域之间经济活动与污染治理的空间联动性，周边城市不断地与本地进行技术创新交流，发挥其扩散效应，促进本地空气污染的治理。因此，本章认为，周边城市的出口对本地空气污染存在空间溢出效应。

第三节 城市出口影响污染的模型构建

一、数据来源

本章选取 2003~2015 年我国 270 个城市（不含港、澳、台）作为研究样本。采用哥伦比亚大学社会经济数据和应用中心公布的全球 $PM_{2.5}$ 浓度年均值的栅格数据衡量空气污染，利用 ArcGIS 软件将其解析为 2003~2015 年我国城市级别年均 $PM_{2.5}$ 浓度的具体数值（微克/立方米）。出口数据来自《中国区域经济统计年鉴》。地区生产总值、工业增加值、外商直接投资额、总人口数、环境污染治理投资总额等来自《中国城市统计年鉴》或通过《中国城市统计年鉴》整理计算获得。为消除价格变动的影响，本章以 2000 年为基年，通过居民消费价格指数进行平减。为控制异方差和统计偏误，模型中对各变量取对数。

二、模型设定与变量说明

（一）模型设定

环境经济学领域广泛应用的 STIRPAT 模型是本章的基础模型（Ehrlich & Holdren，1971）。

$$Y = f(pop, gdp, tec) \tag{5.1}$$

根据该经典模型，人口、经济和技术均是影响环境的重要基础变量。在城市出口影响空气污染的前述分析基础上，本章构建包含其他控制变量的扩展计量模型。同时，区位、海拔等地理因素可能会使城市出口的空气污染效应呈现区域异质性。气压、温度、湿度等对经济活动和污染扩散也有着显著影响，这些气候因素可能对城市出口的空气污染效应起到一定的调节作用（胡艺等，2019）。为缓解遗漏变量及其带来的内生性问题，本章在建立模型时还考虑时间和城市的双重固定效应。

$$\begin{aligned} \ln PM_{it} = & \beta_0 + \beta_1 \ln exp_{it} + \beta_2 \ln pop_{it} + \beta_3 \ln gdp_{it} + \beta_4 \ln gdp2_{it} + \\ & \beta_5 \ln tec_{it} + \beta_6 \ln gti_{it} + \beta_7 \ln tti_{it} + \beta_8 \ln sec_{it} + \beta_9 \ln fdi_{it} + \beta_{10} \ln pti_{it} + \\ & \beta_{11} \ln pca_{it} + \beta_{12} \ln er_{it} + \beta_{13} \ln kr_{it} + \mu_i + \nu_t + \varepsilon_{it} \end{aligned} \tag{5.2}$$

其中，i 表示城市，t 表示时间。被解释变量 $\ln PM_{it}$ 为空气污染程度，由 i 地区的 $PM_{2.5}$ 浓度对数表示。$\ln exp_{it}$ 为城市出口对数，$\ln pop_{it}$ 表示人口密度对数，$\ln gdp_{it}$ 表示人均地区生产总值对数。根据环境库兹涅茨曲线，考虑到经济增长与环境污染之间的非线性关系，将人均地区生产总值的二次项（$\ln gdp2_{it}$）加入模型。$\ln tec_{it}$ 表示技术进步对数，其他为控制变量。μ_i 和 ν_t 分别表示城市固定效应和年份固定效应，ε_{it} 表示随机扰动项。

此外，由于城市出口本身存在空间溢出效应，本章使用空间计量模型评估周边地区城市出口对本地空气污染的影响。模型将对基准回归方程引入城市出口的空间滞后项：

$$\ln PM_{it} = \alpha + \beta \ln exp_{it} + \rho W \ln exp_{it} + X'_{it}\varphi + \mu_i + \nu_t + \varepsilon_{it} \quad (5.3)$$

其中，W 为标准化空间权重矩阵，本章选取城市之间距离的倒数衡量城市之间的空间相关性。$W \ln exp_{it}$ 表示城市出口的空间滞后项，其他变量与式（5.2）含义相同。

（二）变量说明

本章实证部分主要考察城市出口以及绿色技术创新对空气污染的影响，被解释变量为空气污染，通过 $PM_{2.5}$ 浓度衡量，核心解释变量为城市出口的对数。此外，引入一系列衡量经济水平、创新能力、环境规制等因素的控制变量。（1）城市出口（$\ln exp$）。采用各城市的人均出口总额作为城市的出口强度，对其取对数处理。（2）人口密度（$\ln pop$）。考虑到各个城市之间在行政区划面积和人口规模方面存在很大差异，人口的集聚性对空气污染同样也产生一定的影响。因此，选择人口密度的对数来控制人口集聚对空气污染的影响。（3）人均地区生产总值的对数（$\ln pgdp$）。STIRPAT 模型中，人均收入是必选项，通常采用人均地区生产总值衡量。经典的环境库兹涅茨曲线认为，环境质量会随经济增长呈现先恶化后好转的倒"U"型（赵细康等，2005；林伯强和蒋竺均，2009）。本章将人均地区生产总值分解为一次项和二次项（$\ln pgdp2$），采用二次方程的形式对空气污染与经济增长的关系进行全面的实证考察。（4）技术进步（$\ln tec$）。罗默（Romer，1990）以及阿吉恩和豪伊特（Aghion & Howitt，1992）提出，生产率的增长率取决于 R&D 所产生的知识存量的增长率。根据王立双和廖新安（2002），科技投入是技术进步的基础，二者之间存在较强的相关关系。据此，本章采用科学事业费支出与教育事业费支出占地区生产总值的比重衡量城市的技术进步，其值越大表示技术进步越快。（5）工业化水平（$\ln sec$）。由于工业产品的生产过程伴随大量化石燃料的燃烧，第二产业的发展仍然是 $PM_{2.5}$ 的重要来源。工业生产如冶金、窑炉和锅炉，机电制造业，化工生产，建材生产等对雾霾污染影响很大。总体上，我国工业能源消费规模仍相对较高（陈诗一，2009）。因此，本章选取第二产业增加值占地区生产总值的比重反映工业化水平对雾霾污染的影响。（6）对外开放（lnfdi）。由外商直接投资表征的对外开放程度是考察环境污染受到影响的主要因素（盛斌和吕越，2012）。现有研究表明，外商直接投资对环境质量的影响仍是不确定的。一些研究认为，外商直接投资可以通过引进环境友好的技术或产品来改善本国环境质量，也即著名的"污染晕轮"假说（Grey K & Brank D，2002）；而另一些研究倾向"污染天堂"假说，并认为发达国家或环境门槛较高的国家通过外商直接投资向东道国转移高污染产业，从而恶化其环境质量（List & Co，2000）。本章利用外商直接投资在地区生产总值中的比重来衡量各地区的对外开放程度，进而考察对外开放对城市空气污染的影响。（7）交通运输强度（ln$trans$）。雾霾中有相当一部分污染物来源于机动车尾气中的CO、NOx、SO_2等，该部分污染物同时也是雾霾二次形成的重要来源。北京机动车尾气排放的$PM_{2.5}$约占其总排放的22%，上海和天津为25%和16%（李勇等，2014）。因此，交通运输强度对雾霾污染影响的考虑不可或缺。本章选取公路货运量与公路里程的比值反映交通运输强度。（8）建筑施工（ln$cons$）。在工程项目施工过程中，粉尘是不可避免的。建筑施工中的粉尘垃圾主要来自施工过程中的施工材料，比如石灰和沙土等。这些材料在运输过程中，会使大量粉尘进入空气，并融入周围的空气中。从根本上说，造成粉尘污染的原因是人为的，因为在运输和施工过程中没有有效地使用防尘措施，没有采取有效的施工工艺。本章选取单位区域建筑施工面积来控制建筑施工对雾霾污染的影响。（9）环境保护（ln$regu$）。环境保护比较宽泛，包括环境规制或环境意识。比如污染治理设备运行成本（Jaffe & Palmer，1997）、企业排污的检查和监督次数（Brunnermeier & Cohen，2003）、单位成本的污染治理费用（Gray，1987；Lanoie et al.，2008）、单位地区生产总值大气污染治理支出（Cole & Elliott，2005）等。但考虑到数据的可得性，本章采用单位工业增加值的园林绿化和市容环境投入作为环境保护指标。（10）要素禀赋（ln$endow$）。不同城市的要素禀赋决定了其生产和出口模式。因此，控制要素禀赋显然很有必要，本章采用劳动与资本的比率，即单位从业人员数与固定资产投资总额的比值作为城市的要素禀赋变量加以控制。

第四节 城市出口对空气污染的实证分析

一、实证分析

（一）基准回归

城市出口对空气污染影响的逐步回归如表5-1所示。第（1）列仅考虑城市出口和STIRPAT模型的经典控制变量，主要解释变量的系数为-0.038，且在1%的显著性水平上显著。第（2）列加入其他控制变量后，城市出口的系数依然显著为负。为了缓解遗漏变量所带来的内生性，第（3）列在基准回归的基础上进一步加入时间控制项和空间控制项，城市出口的回归系数为-0.016，依然是负向。这表明，其他条件不变时，出口水平越高的地方，空气污染水平越低。总体上，在控制多个变量并考虑固定效应后，城市出口的系数变化不大。

表5-1　　　　　　　　基准回归结果

变量	(1)	(2)	(3)
lnexp	-0.038*** (0.005)	-0.030*** (0.007)	-0.016*** (0.005)
lnpop	0.427*** (0.007)	0.448*** (0.017)	0.302*** (0.016)
ln$pgdp$	0.014 (0.011)	-0.472*** (0.181)	-0.211 (0.134)

续表

变量	(1)	(2)	(3)
lntec	-2.549*** (0.349)	-5.023*** (0.642)	-2.165*** (0.657)
ln$pgdp2$		0.017* (0.009)	0.010 (0.006)
lnsec		0.382*** (0.092)	-0.037 (0.065)
lnfdi		0.030*** (0.007)	0.006 (0.006)
ln$trans$		-0.037*** (0.010)	-0.018** (0.008)
ln$cons$		-0.023** (0.010)	-0.009 (0.007)
ln$regu$		-1.207** (0.587)	-0.470 (0.350)
ln$endow$		-0.184*** (0.014)	-0.073*** (0.012)
常数项	1.242*** (0.095)	1.991** (0.903)	2.491*** (0.704)
时间效应	否	否	是
空间效应	否	否	是
样本数	3544	2208	2208
调整 R^2	0.565	0.611	0.835

注：括号内为稳健标准误；***、**、*分别表示在1%、5%、10%的显著性水平上显著；第（1）至第（3）列回归中，第（2）列控制了所选的控制变量，第（3）列在第（2）列的基础上进一步控制区域固定效应和时间固定效应。

（二）内生性处理

现代计量观点认为，内生性是破坏回归获得一致性的重要原因。尽管城市出口会影响空气污染,但与此同时,空气污染可能也从多个方面影响着城市出口。为进一步增强回归结果的可靠性,本章选取城市出口的四个工具变量进行更稳健的估计。参考多数文献的做法,采用城市出口的滞后一期作为第一个工具变量。这是面板计量中针对反向因果问题一种常见的解决方式。滞后期与当期值有较强的相关性,通过当期值对空气污染产生影响,而当期的空气污染对前一期的城市出口则没有影响。本章基于各城市地理特征来构造城市出口的工具变量——海外市场可达性(foreign market access,FMA)。第二个使用各城市到海岸线距离的倒数衡量FMA,由于地理距离是不随时间变化的,为反映动态特征,采用官方名义汇率对海外市场可达性进行调整,即2003~2015年人民币对美元的名义汇率乘以各个城市的海外市场可达性指数。第三个工具变量是FMA的空间滞后项,在第二个工具变量的基础上考虑空间权重矩阵,周边区域的FMA越高,意味着本地出口会更加便利,但不受本地空气污染的影响。第四个工具变量是公路密度。因为出口较多的城市对运输能力具有较高的要求,一般而言,城市的运输网络密度和出口额存在一定的正相关性,但与空气污染之间不存在直接的因果关系。通过表5-2的两阶段最小二乘法(2SLS)回归结果可以看出,选取工具变量对城市出口的内生性进行控制后,城市出口与空气污染之间依然存在显著的负向关系,也在一定程度上证明了回归系数的稳健性。

表5-2　　　　　　　　　　内生性处理

变量	(1)	(2)	(3)	(4)
lnexp	-0.024*** (0.006)	-0.294*** (0.041)	-0.789*** (0.180)	-1.080** (0.513)
常数项	2.624*** (0.794)	-1.465 (1.231)	-8.430** (3.574)	-13.925 (8.676)
控制变量	是	是	是	是
时间效应	是	是	是	是
空间效应	是	是	是	是

续表

变量	(1)	(2)	(3)	(4)
LM 统计量	341.257***	90.934***	19.848***	4.331***
Wald F 统计量	1878.570***	88.376***	12.789***	16.38***
样本数	2201	2188	1981	2208
调整 R^2	0.595	-1.101	0.840	-2.845

注：括号内为稳健标准误；***、**分别表示在1%、5%的显著性水平上显著；第（1）列中，所选工具变量为城市出口的时间滞后项；第（2）列中所选工具变量为 FMA；第（3）列中所选工具变量在第（2）列工具变量基础上，加入空间权重矩阵，本章选择经济距离权重矩阵；第（4）列所选工具变量为公路密度，该指标为单位面积的公路里程数。

表5-2中进一步报告了环境规制工具变量的检验结果。采用 LM 统计量和 Wald F 统计量分别检验了工具变量与内生变量的相关性以及工具变量是否弱识别，结果在1%显著水平上拒绝了"工具变量识别不足"的零假设以及"工具变量是弱识别"的零假设。因此，本章选取的工具变量是合理的。

（三）稳健性分析

为进一步检验上述研究结论的稳健性，本章分别采用缩减样本、替换变量和增加控制项等对回归结果进行稳健性检验（见表5-3）。

表5-3 稳健性检验

变量	(1)	(2)	(3)
lnexp	-0.018** (0.007)	-0.059** (0.024)	-0.045*** (0.006)
lnDn			0.118*** (0.019)
常数项	1.968** (0.991)	-3.718 (3.738)	3.052*** (0.817)

续表

变量	(1)	(2)	(3)
控制变量	是	是	是
时间效应	是	是	是
空间效应	是	是	是
样本数	1195	1928	1832
调整 R^2	0.765	0.493	0.850

注：括号内为稳健标准误；***、** 分别表示在1%、5%的显著性水平上显著；第（1）列中，删除了高污染样本；第（2）列更换了因变量，因变量选择工业烟粉尘排放量；第（3）列加入城镇化控制项；表中结果均采用2SLS回归，篇幅所限，本表选择报告第一个工具变量回归结果。

1. 删除高污染样本

一般而言，污染严重的样本容易产生极端值偏差。为了防止出现这种影响，本章剔除了所有高污染的样本。在表5-3第（1）列中，汇报了剩余一般性样本的回归结果。可以看到，结果仍然稳健。

2. 更换出口变量

通过更换变量进一步检验模型的稳健性。由于城市中空气污染的主要来源是工业烟粉尘的排放，本章选择工业烟粉尘排放量替换原有的因变量。表5-3中第（2）列为替换变量后的回归结果。城市出口对空气污染影响依然为负，且保持较高的显著水平。因此，前文的基准分析具有较强的稳健性。

3. 控制城镇化效应

城镇化对空气污染的影响已经得到很多研究的验证（Aunan & Wang, 2014；Wang et al., 2020）。夜间灯光数据被认为是衡量地区经济发展水平、城镇化、人口密集程度等的客观指标（徐康宁等，2015；刘华军和杜广杰，2017；Small et al., 2005）。亨德森等（Henderson et al., 2012）也认为夜间灯光数据能很好地反映地区经济发展水平。越来越多的学者开始运用夜间灯光数据进行经验研究（邵帅等，2019；刘修岩等，2016；范子英等，2016；Liu et al., 2012；Li & Zhou, 2017）。因此，使用夜间灯光数据作为城镇化的表征变量能够较好地验证模型的稳健性。结果显示，城市出口系数依然显著。

二、技术创新的机制效应检验

（一）城市属性的影响

不同城市因其特殊的条件或属性，对模型的结果存在可能的差异性影响。考虑城市之间资源禀赋、出口和地理条件等的不同，本章进一步通过分组回归进行异质性分析（见表5-4）。

表5-4　　　　　　　　　　异质性回归结果

变量	（1）	（2）	（3）	（4）	（5）
lnexp	-0.055*** (0.010)	-0.021*** (0.006)	0.005 (0.014)	-0.071*** (0.008)	0.008 (0.009)
常数项	4.882*** (1.413)	1.241 (1.171)	0.956 (1.872)	1.340 (1.284)	-0.168 (1.501)
控制变量	是	是	是	是	是
时间效应	是	是	是	是	是
空间效应	是	是	是	是	是
样本数	806	723	452	1082	899
调整R^2	0.788	0.874	0.841	0.845	0.886

注：括号内为稳健标准误；*** 表示在1%的显著性水平上显著。第（1）至第（3）列，分别表示东部、中部、西部的回归结果，本章根据"七五"计划和"西部大开发"战略的划分标准确定东部、中部、西部地区。东部地区城市包括北京、天津、上海、河北、山东、辽宁、江苏、浙江、福建、广东、海南的各省份所辖城市；中部地区城市包括山西、黑龙江、吉林、安徽、江西、河南、湖北、湖南的各省份所辖城市；西部地区城市包括陕西、四川、云南、贵州、广西、甘肃、青海、宁夏、西藏、新疆、内蒙古、重庆各省份所辖城市。第（4）列至第（5）列分别表示出口依赖城市和非出口依赖城市的回归结果，本章根据人均出口量是否高于平均水平划分是否为出口依赖城市。

1. 地理特征

地理特征既是空气污染的重要影响因素，又在国际贸易等经济活动中发挥着重要作用（Eaton & Kortum，2002）。地理特征构成了一个城市的区位或空间比较优势，影响该城市进入国际市场的成本，进而对城市的对外贸易乃至经济社会发展产生重要影响。比如，我国东部、中部、西部地区的划分不仅能够刻画我国城市距离海岸线远近所带来的经济地理影响，而且标识了我国梯度开放政策的经济社会影响。基于地理区位的城市出口影响空气污染的回归结果如表5-4所示。第（1）至第（2）列结果表明，东部和中部地区城市出口对空气污染有着显著的负向影响。而第（3）列的结果相反，在对外贸易和经济发展水平相对较低的西部地区城市，城市出口对空气污染的影响并不显著。这与环境库兹涅茨曲线十分吻合。东部或中部地区拥有相对发达的经济和较高的人均收入水平，空气污染反而会随之下降。在西部地区，很多出口产品仍然处于价值链的低端，"三高"产品占据了一定的比重，使其对资源的依赖程度维持较高水平，对环境的不利影响也更严重。然而，这并不意味着西部地区城市出口一定不会降低空气污染。

2. 出口依赖

依赖国内优势产品的国际贸易不仅可能加剧国内自然资源的过度消耗，还会带来环境压力。如果出口国得不到足够的资金来补偿被开发的地区，环境压力将尤为明显。其中，各地开放水平和对外贸易发展情况不同，城市出口对空气污染的减缓作用值得研究。具体地，本章按城市出口开放水平是否高于平均水平决定出口依赖程度。高于平均水平的城市被认为是出口依赖城市，否则为非出口依赖城市，分组回归结果如表5-4所示。第（4）列和第（5）列结果表明，出口依赖城市出口降低污染的效果更加显著，且远大于非出口依赖城市，这与预期相符。受国际贸易产品环境标准提升的影响，出口依赖度高的城市为满足日益提升的环境标准，不可避免地投入更多清洁生产技术，并转型至更加清洁的出口产品结构。出口依赖城市也往往具有更大的贸易规模，其环境治理边际成本相对更低。此外，出口依赖城市为扩大出口，更倾向引进外资和先进的清洁技术，重视环境成本和减轻本地空气污染问题。

（二）技术创新的中介效应检验

1. 技术创新对空气污染的影响

出口对空气污染的影响已在前文中得到验证，然而其机理还需进一步检验。首先，基于逻辑和现有文献，本章认为，技术创新影响空气污染是确定的，且主要通过以下路径实现。第一，技术创新有助于提升能源效率、降低能源强度（王班班和齐绍洲，2014；Wurlod & Noailly，2018），并在一定程度上推动了技术进步。一方面，技术创新往往依托于具体的产业或企业，通常会带来新的产品和服务，提升工业废弃物的循环利用率，有效提高大气污染物的去除率（王鹏和谢丽文，2014）；另一方面，技术创新和推广将增强规模经济效应，有利于深化国际分工，降低企业环保技术使用的单位成本，促进更加清洁的生产技术和工艺的应用，进而有利于清洁生产和末端治理（Frondel et al.，2007；Charmondusit et al.，2016；Li et al.，2017）。第二，技术创新有助于全球环境资源的更合理配置，在同样的资源约束下以最大产出减轻单纯追求增长对环境过度掠夺的压力，在此过程中提高经济与环境关系的治理效率（Chang，2011）。第三，技术创新可能伴随城市产品结构的调整。新技术和工艺被广泛采用，产品的知识和技术含量不断提高，产品结构由劳动密集型、资源密集型向技术密集型和知识密集型转变。一方面，技术创新促使绿色产品的比重日益增大（Costantini & Mazzanti，2012）；另一方面，由于绿色技术创新带来的新能源、新材料、新工艺和节能技术，许多高污染高排放的初级产品市场进一步萎缩（Meltzer，2014）。

2. 城市出口与技术创新

以上研究虽然证明了技术创新具有减轻空气污染的作用，但是，究竟城市出口是否通过技术创新影响了空气污染仍需检验。为了验证假说5.2，本章将技术创新作为因变量，研究城市出口对技术创新的影响。区分传统技术创新与绿色技术创新，分别设置两种不同的技术创新指标。其中，传统技术创新指标参考地方专利数（地方专利总数减去绿色专利数并取对数），而绿色专利数的对数作为绿色技术创新指标。如

表 5-5 第（1）列所示，出口水平越高的城市，技术创新水平也越高，城市本身的整体技术创新能力越强，这证实了城市出口通过"虹吸效应"影响本地技术创新的假说。一方面，城市出口引致经济增长，而收入的提高会让消费者对环境质量有更高的需求，这促使政府不断严格环境规制，进而激发相关技术创新；另一方面，城市出口对清洁生产技术的引进、研发和应用也有直接的推动作用。当暴露在国际竞争环境中，出口企业为应对发达国家更严格的环境规制，被迫或主动升级生产技术进行清洁化生产。城市出口也会推动清洁技术在国家间的扩散，跨国合作将清洁技术由高环境标准的国家引入东道国，促进其国内环境规制的不断严格。无论哪一种方式，都表明了城市出口对技术创新的影响，并进而影响空气污染。

表 5-5　　　　　　　　技术创新机制检验

变量	（1）	（2）	（3）
lnexp	0.260 *** (0.028)	0.261 *** (0.029)	0.223 *** (0.031)
常数项	-18.324 *** (3.340)	-18.916 *** (3.468)	-10.881 *** (3.353)
控制变量	是	是	是
时间效应	是	是	是
空间效应	是	是	是
样本数	1983	1981	1941
调整 R^2	0.814	0.808	0.755

注：括号内为稳健标准误；*** 表示在1%的显著性水平上显著。第（1）至第（3）列，因变量分别为技术创新（TI）、传统技术创新（TTI）和绿色技术创新（GTI）。技术创新采用各城市专利数的对数表示，传统技术创新则是扣除绿色专利的申请数的对数，绿色技术创新采用绿色专利申请数的对数。

（三）城市出口引致的技术创新绿色吗

技术创新是一个复杂的概念，从经济学角度去解释，可以分为狭义和广义两个方面。技术创新的狭义解释是指从发明创造到市场实现的全过程,而广义上的技术创新还包括技术扩散的过程(袁泽沛和王琼,2002)。人类步入工业革命以后,对工业生产和商业利润的欲望和追求大大超过以往,急功近利的发展理念使得人们偏向利用现代科学技术进一步掠夺、开发和消耗自然资源。但是与此同时,人们逐渐意识到自然环境对生命、健康和可持续发展的重要意义,并思考在技术创新过程中纳入对生态约束的考量,最终提出绿色技术创新理论(杨发明和吴光汉,1998)。一般而言,传统技术创新虽以单一商业利润为目的,但它使生产效率获得极大的提高,降低单位产品对资源的消耗,有效阻止环境成本的上升,长期来看对资源的过分掠夺和环境的破坏具有一定的抑制性。但作为一种新型创新体系,绿色技术创新更具有清洁性。绿色技术创新着重考虑在传统技术创新中更多地渗透环境和生态等要素,将生态、经济、技术作为这一体系的基础标准。绿色技术创新仍然追求经济维度的各项目标,同时也将更加注重自然与经济、社会的协调发展(Sun et al.,2017)。因此,它不再局限于满足消费者的需求、市场占有率和产品的利润率等。在创新活动过程中,它更加倾向优化人类的生存环境,为产品或服务注入新的生态价值,在理念上逐渐摆脱单一的经济发展观,在发展经济的同时考虑清洁生产与环境效益,逐渐向可持续发展观进行转变(林伯强和孙传旺,2011)。

考虑到传统技术创新和绿色技术创新在目标和定位上存在明显差异,城市出口对不同的技术创新模式是否会表现出差异化的影响,换言之,城市出口引致的技术创新是否表现出绿色化特征,现有研究尚未注意这一问题。表5-5第(2)至第(3)列的结果表明,无论是传统技术创新还是绿色技术创新,结果都很显著,验证了假说5.3。第(3)列中,城市出口的回归系数显著意味着城市出口引致的技术创新更加绿色,这很可能是由于国外绿色贸易壁垒的加强,或出口引致的国内环境意识加强,使得城市出口更加倾向研发清洁生产技术。首先,城市出口意味着贸易的发展和开放水平的提高,城市内企业面临更激烈的市场竞争和更高的生产率门槛,唯有加大研发投入、提高全要素生产率,方能维持并扩大市场份额。其次，出口城市更容易接触到国外先进的生产技术。为提高产品的国际竞争力，企业通过并购等方式获取专利技术，并在技术应用过程中不断进行知识积累。此外，受国内环境规制以及国外绿色贸易壁垒的影响，城市为减少生产过程中的污染排放、提高资源利用效率，主动将国外先进的清洁生产技术引入国内，从而产生技术溢出效应，提高区域整体的绿色技术创新水平。最后，城市出口增加，吸引外资能力增强，通过外商直接投资促进绿色技术创新。随着国内环境规制力度的加强，各城市在吸引外商直接投资时更加注重引入高质量资本，通过技术溢出效应带动本土企业的绿色技术创新能力。随着国内相关环境政策的陆续颁布，城市政府部门对外商资本的引导使资金加快涌入环境领域，进一步加大了清洁技术研发投入，提高绿色技术创新水平。

三、城市出口的空间溢出效应分析

根据赫尔希曼的"涓流效应"（trickling-down effects），一个地方的经济增长显然会促进其他区域经济的增长（A. O. Hirschman, 1958）。尤其是发达地区先进的技术、管理、制度、观念向不发达区域的涓流，对其经济和社会进步产生重要推动作用。那么，从地理角度讲，率先通过城市出口并获取更多技术创新的城市是否会推动周边区域的城市技术创新，进而影响空气污染呢？本章在城市出口促进本地技术创新的基础上，进一步研究周边城市出口对本地技术创新的空间溢出效应。

表5-6第（1）列和第（4）列显示城市出口的空间滞后项系数显著为正，表明相邻地区的城市出口水平越高，本地的技术创新水平越高。近年来，在地方污染治理"联防联控"政策下，地方政府纷纷采取清洁技术交流、城市出口的产业间合作等手段促进了生产要素的流动。一个地方出口增加不仅会提升自身技术创新水平，还促进了相邻地区先进生产技术的引进，促进了技术创新的正向溢出效应。这表明，技术创新在空间上流动和转移，珠三角以香港为中心的技术扩散就属于这种类型。一些区域由于城市出口的发展率先在技术创新上处于支配地位，而周边

区域则可能在技术创新上相对落后。由于具有技术、出口等方面的先进性，技术创新支配区域能够通过与周边地区的要素流动关系和商品供求关系影响其他落后区域的技术创新，发挥其技术传播效应。第（2）至第（3）的结果表明，周边区域的出口越发达，本地无论是传统技术创新还是绿色技术创新均表现越好。第（4）至第（6）列的结果表明，更换权重矩阵后，结果依然显著。

表 5-6　　　　　　　　城市出口的技术溢出效应

变量	（1）	（2）	（3）	（4）	（5）	（6）
$Wlnexp$	1.230*** (0.283)	1.244*** (0.291)	0.856*** (0.234)	0.271*** (0.069)	0.296*** (0.071)	0.145** (0.070)
$lnexp$	0.116*** (0.028)	0.127*** (0.030)	0.113*** (0.027)	0.112*** (0.026)	0.111*** (0.027)	0.124*** (0.027)
常数项	-24.565*** (5.044)	-26.279*** (5.221)	-12.472*** (3.895)	-15.849*** (3.569)	-16.848*** (3.684)	-2.693 (3.037)
控制变量	是	是	是	是	是	是
时间效应	是	是	是	是	是	是
空间效应	是	是	是	是	是	是
样本数	2676	2670	2622	3533	3523	3443
调整 R^2	0.754	0.757	0.698	0.754	0.748	0.708

注：括号内为稳健标准误；***、** 分别表示在1%、5%的显著性水平上显著；$Wlnexp$ 表示城市出口的空间滞后项；第（1）至第（3）列中，因变量分别为技术创新、传统技术创新和绿色技术创新，所选空间权重矩阵为地理权重矩阵；第（4）至第（6）列中，空间权重矩阵为经济距离矩阵，因变量同样分别为技术创新、传统技术创新和绿色技术创新。

前面的分析表明，城市的技术创新不仅受到本地城市出口的影响，还有周边城市出口的影响。为了进一步研究周边城市出口引致的技术创新在减轻本地城市空气污染方面的有效性，本章从空间溢出效应的视角对城市出口与空气污染进行回归分析，以检验城市出口—技术创新—空气污染这一传导过程的完整性。同时，回归结果中分别采用不同的空间权重矩阵，以验证回归系数的稳健性。

表5-7包含了城市出口对空气污染的空间计量回归结果。城市出口的空间滞后项系数显著为负,而且统计上非常显著且稳健,这进一步证明了周边城市的出口经过技术创新影响本地空气污染。在控制其他条件不变的情况下,邻近城市的出口水平越高,相应的本地空气污染会越低。一方面,该结果间接证明了经济活动地理相关性对空气污染的影响;另一方面,也证明了城市出口对空气污染同样存在"涓流效应"。

表5-7　城市出口对空气污染的空间计量回归结果

变量	(1)	(2)
Wlnexp	-0.080** (0.031)	-0.055*** (0.013)
lnexp	-0.002** (0.004)	-0.000** (0.004)
常数项	3.994*** (0.511)	4.036*** (0.419)
控制变量	是	是
时间效应	是	是
空间效应	是	是
样本数	2680	3549
调整 R^2	0.7797	0.7803

注:括号内为稳健标准误;***、**分别表示在1%、5%的显著性水平上显著;第(1)列中使用地理权重矩阵,第(2)列中使用经济地理权重矩阵。

第五节　研究结论与政策启示

一、研究结论

众所周知,我国经济正在由高速增长向高质量发展转型,技术创新是这一转型的重要抓手，其本身的发展及其效应的发挥也是转型能否成功的关键。在"双循环"的新发展格局下，本章基于城市层面的出口、技术创新和空气污染数据，实证检验了2003~2015年我国城市出口对空气污染的影响。具体地，本章研究城市出口对空气污染影响，选取海外市场可达性及其空间滞后项、城市出口的滞后一期作为工具变量解决内生性问题。通过删除高污染城市样本、更换城市出口变量和控制城镇化效应等方式验证模型的稳健性。为验证城市出口对空气污染的影响机理，本章对城市出口通过技术创新影响空气污染的过程进行了机制检验，并基于地理特征和出口依赖分组回归对模型做了异质性分析。

结论表明，我国的城市出口具有环境友好特征，能够在一定程度上减少空气污染，其影响机制分别表现为"虹吸效应"和"涓流效应"。但在不同城市特征和地理区位上城市出口对空气污染的影响也有显著的异质性。（1）城市出口有利于降低空气污染。城市出口对空气污染的影响是复杂的，理论研究表明，城市出口对环境污染既有正向影响，也有负向影响。本章分析认为，城市出口对环境的正向影响总体大于负向影响，也即城市出口对降低空气污染具有重要作用。（2）不同特征的城市，城市出口对空气污染的影响不同。东部、中部城市和出口依赖城市一般都拥有较高的出口贸易水平，开放的发展路径使其不断深化国际分工，提高规模经济效应，降低企业环保技术使用的单位成本。反之，西部城市和非出口依赖城市因其开放程度较低，贸易水平和清洁技术发展水平相对落后，其出口的边际环境效应并不显著。（3）技术创新的中介作用凸显，城市出口水平越高，技术创新越强，且技术创新的绿色特征明显。城市通过出口贸易在自身与国外市场之间搭建桥梁，通过"干中学"的方式促进知识、技术、人才等要素流动，出口企业通过技术创新采用先进的生产工艺和技术减少污染排放，提高末端治理效率，表现为城市与国外市场之间的"虹吸效应"。此外，周边城市出口引致的技术创新也会通过城市之间的地理联系和要素流动，促进本地技术创新水平的提升，减少能源的过度消耗与利用，进而减少因能源消耗产生的环境污染，表现为城市之间的"涓流效应"。（4）城市出口引致的技术创新具有绿色特征。相较于传统技术创新，出口引致的绿色技术创新对降低空气污染更具意义。城市出口不仅提升自身的技术创新水平和经济增长优势，还会通过学习或引入国外绿色理念和环境意识，提升城市的绿色技术创新水平。

二、政策启示

（1）完善自贸区空间布局，充分发挥城市出口对空气污染的减缓效应。要加快西部或非出口依赖区域重点地区自贸区建设，以此拉动当地的出口贸易发展。依托自贸区的建设，不但有助于城市提升产品质量，优化出口结构，同时还能发挥技术溢出效应。在确保城市出口优势持续快速增长的同时，自贸区应加大对城市新兴清洁产业的支持，促进城市传统出口产业的转型，积极培育新的增长点。城市出口结构要从原材料、初级加工以及污染环境的中间产品逐渐向高新技术和知识密集型产品转变，通过技术创新提升产品的技术含量和附加价值。另外，作为城市的窗口和重要平台，自贸区不仅要在清洁出口方面提供政策支持，还要在新兴的出口企业选址、设备选择和绿色文化方面综合考虑经济、资源与环境等因素，积极承担推广绿色技术创新的任务，促进人文、科技与环境的融合。

（2）考虑特征差异，因地制宜制定城市环境政策。本章研究结果表明，考虑城市之间地理条件、开放程度等的不同，我国各个城市出口对空气污染的影响存在很大差异。改革开放以来，东部地区获得快速的经济增长，积极发展高新技术，贸易对环境的影响较为乐观。中部、西部地区也在崛起之中，出口规模逐渐扩大可能会出现以牺牲环境为代价的粗放式增长，需要更为严厉的环境政策，及时促进出口行业的转型升级。此外，劳动密集型和非出口依赖城市应积极提升本地绿色技术创新能力，加强出口企业的环境管理。我国各级政府在产业发展规划的空间布局上要因地制宜，充分考虑城市自身定位和优势，在规划制定时着重关注资源禀赋和发展模式的因素。

（3）强化城市间的要素流动和经济合作，促进绿色发展。空气污染严重的城市基本上发展也相对落后，一方面，由于城市未能利用出口的机遇向发达经济体学习先进的技术引导本地创新；另一方面，各城市之间长期以来在经济社会发展基础、环境有效治理、贸易水平和技术创新等各个方面存在巨大差异而造成"鸿沟"。对于具有较强出口水平的大型城市，要充分利用城市技术创新的溢出效应，促进创新要素自由流动，实现创新力量优化配置和资源共享。将出口发达城市作为创新的动力源和溢出源。对于出口水平低、创新能力弱的城市，应重点考虑如何借助城市之间的联动发展，在创新发展方面发挥地区比较优势，充分利用增长极的辐射带动作用，吸引创新要素向本地集聚。

（4）基于"双循环"新发展格局，加强城市出口对绿色技术创新的国际学习。"双循环"背景下，经济发展模式必然由"外向型"为主逐步向"内向型"为主转变。但"双循环"并不意味着闭关锁国、主动脱钩，而是进一步扩大对外开放。目前，我国经济体量已经十分庞大，在国际分工和价值链上不断攀升，对全球经济的影响力进一步增强，应创造更多更好的条件通过深层次的学习发展清洁生产。一方面，积极发挥城市出口的学习效应，深切把握城市出口的积极影响，以此为契机推动我国供给侧结构性改革。国际经济互联互通，要顺应全球发展规律和世界经济开放新趋势，积极构建全方位、多元化的合作格局，加强城市出口对绿色技术创新的学习。另一方面，我们在更加注重国内大循环的同时，要实现国内国际双循环相互促进，谋求更高质量的国内大循环、更高水平的国际循环，而非弱化国外市场或封闭运行。基于城市出口的纽带作用，加快智能制造、数字经济等战略性新兴行业和环保产业，推动新的绿色经济增长点，并以此达到空气污染治理和经济高质量增长的双重目标。

本章总体从较为宏观的层面考察城市出口对空气污染的影响，并探讨了技术创新作为城市出口影响空气污染的作用机制，但仅仅从单方面反映了城市出口对空气污染的影响机理，未来可以将产业结构纳入统一的框架下进行系统分析。城市出口之所以能减轻污染，也存在出口结构变化的可能，但受数据获取的限制，本章未对这一部分进行分析。

撤县（市）设区与空气污染

第一节 中国行政区划改革的进程与意义

一个国家的行政区划设置取决于诸多因素：国土范围、自然地理、基础设施、人口分布、生产力水平、政治制度等，当这些因素发生重大变化时行政区划自然也需要适当调整。在中国古代，行政区划的目的主要是为了更好地管理区域事务，由于经济事务不多，主要集中在行政、社会治安等方面，同时加之人口不多，行政区域管理的范围一般较大。新中国成立之后，行政区划的目的也主要是为了方便行政管理，部分地区考虑了经济建设。改革开放后，我国工作重点转为以经济建设为中心。在东部沿海部分地区，城市高度密集分布的城市群开始形成。随着城镇化水平的快速提升，部分中心城市的空间扩张受到周边城市的限制，相邻城市之间的摩擦也逐渐增多，城市之间的协调问题变得日益突出。在这种情况下，以撤县（市）设区为主要形式的行政区划调整作为解决问题的一种行政手段发挥作用，其通常是将大城市周边的县或县级市改为区，纳入大城市行政区划范围，从而为大城市及其周边地区的统一规划和协调发展创造条件。撤县（市）设区是中国城镇化发展的真实写照，也是城镇之间联系不断紧密的必然结果。据民政部数据显示，2009年底全国共有855个市辖区、1831个县级（市），而截至2020年，市辖区数量增至965个，县（市）减少至1710个。

观察撤县（市）设区的发展实际，多半是在中心城市发展到一定程度后，由于缺乏适宜的用地空间，不得不向周边县（市）进行扩张的结果。撤县（市）设区后，一方面，可以扩大中心城市的规模，增强中心城市的实力。中心城市的规模有限，而其较为繁荣的周边县（市）在空间上多连为一体，调整行政区划可以更好地发挥中心城市对腹地的辐射作用。另一方面，中心城市与周边县（市）之间面临着规划难以统一、跨区域难以协调等问题。地级市与县（市）同处一个城市，两个紧邻的城市已成为一个整体，但是，规划的编制与实施却是分割的，除了基础设施的规划建设难以统一外，资源分配、环境治理等方面也往往难以协调。撤县（市）设区有效破解了土地资源及人口对中心城市发展的制约，在更大范围内统筹基础设施建设和生产力布局，促进城乡经济协调发展，全面提升中心城市的核心竞争力和辐射力量。

行政区划调整对空气污染防治的影响具有重要的研究意义。近年来，粗放型的经济增长方式带来的区域性大气污染问题日益突出，其在很多城市群地区表现出显著的区域性，最为突出的就是细颗粒物污染。而且，城市间大气污染是相互影响的，形成$PM_{2.5}$的污染物可以跨越城市甚至省际的行政边界远距离传播，仅从行政区划的角度考虑单个城市大气污染防治已难以解决问题。因此，开展城市之间甚至省际间的区域大气污染联防联控是区域空气污染防治的有效手段。事实上，自2011年环境保护部"十二五"规划明确提出大气污染联防联控制度，中国的大气污染防治已向区域性的环境管理转化，并开始步入跨地区合作的阶段。不过，这一制度的实施尚缺乏有效的政策体系支撑，已有的区域性环境管理实践所存在的诸多不足主要源于缺乏不同主体进行有效合作的激励机制，比如省际或城市之间的联防联控相对容易进行，但县级区域之间的联合治理却存在种种问题。县级区域的联防联控是基层大气污染防治的重要环节，也是薄弱环节。一方面，由于县级区域具有相对独立的治理体系，

第六章 撤县（市）设区与空气污染

联合治理难度较大；另一方面，县级行政体系相对松散，治理效率较低，执行力量不足。总体上表现为，各县所处的经济发展阶段、地方环境保护意识等方面存在较大差异，相应的责任与利益协调和补偿机制还未建立。既然以行政区域为界进行各自为政的属地管理已经不能满足污染防治需求，如何才能更好地区域联防联控成为我国环境管理制度发展与变革的重要方向，而撤县（市）设区的行政区划调整恰好为本章研究提供了一个思路。

究竟撤县（市）设区能否改善空气污染仍有待实证检验，这也是本章的主要研究内容。我们基于 2001~2018 年的县级数据，采用双重差分法 (difference - in - difference) 分析撤县（市）设区对空气污染的影响，并从垂直性协同和区域性协同两个方面对撤县（市）设区环境效应展开机制检验。由于空气污染的复杂性，除了撤县（市）设区的核心解释变量之外，本章还控制了其他经济因素，并进一步考虑了行政因素、地理区位和县级经济差异等方面对结果的差异化影响。结果表明，首先，县级区域的空气污染情况在撤县（市）设区后显著下降，且模型通过了平行趋势检验。通过删除部分干扰样本、控制其他区划政策及官员更替的影响、引入空气流动系数、替换变量等方法进行稳健性检验后，上述结论依然成立。其次，越是发展相对落后的县级区域，比如普通县级单位（非县级市）、人均地区生产总值较低的地区或者位于西部地区、非经济圈内等，撤县（市）设区降低空气污染的效果越显著。最后，研究发现，撤县（市）设区后县级区域通过提升环境准入门槛、加强政策执行力度等垂直性协同效应和与周边地区合作治理的区域性协同效应共同降低了当地的空气污染。这些发现为县际区域合作、优化资源配置、提升基层政府治理能力和地方贯彻绿色发展理念提供了现实证据。

本章的主要贡献在于：第一，通过收集我国县级区域撤县（市）设区的实施情况，首次对行政区划调整与环境经济问题进行实证分析，对全面理解我国行政区划调整、区域间协同治理与地方绿色发展之间的关系提供了一定的借鉴；第二，基于前人对跨界污染的环境外部性行为内部化的研究，本章构建了包含区域环境污染、经济效益和福利水平的理论模型，揭示了行政区划调整如何通过环境协同治理，致使污染排放决策发生变化，最终影响地区的污染水平；第三，本章实证分析县级区域经行政区划调整后空气污染的变化，验证了垂直性协同和区域性协同双重机制助推降低污染的作用路径，发现了人口素质对撤县（市）设区环境效应的调节作用，为推动地方大气污染联防联控提供了理论依据，也为区域之间进行环境管理和经济合作提供了决策参考。

第二节 文献综述

一、撤县（市）设区的历史背景

撤县（市）设区又称"撤县（市）建区"或"县（市）改区"，是我国城镇化快速发展背景下的一种行政区划调整手段，通常表现为将大城市周边的县或县级市纳入中心城市管辖范围，使之成为中心城市的一部分。具体而言，就是撤销原来隶属于地级市、直辖市的县或者县级市，同时在原县（市）的基础上设立市辖区，由所在地级市政府直接管辖。自 1960 年开始，国务院批准沈阳市撤销沈阳县，并设立沈阳市新城子区（现为沈北新区[①]），撤县（市）设区正式拉开序幕。改革开放之后数十年，撤县（市）设区风靡全国，大量新设立的地级市通过这一政策增设了市辖区。但 2004～2012 年期间，撤县设区仅 10 余例，进入短时"休眠期"。主要原因可能在于撤县设区的快速发展对土地城市化的促进作用明显，但人口城市化仍然滞后，加之城乡分割的社会保障制度以及缓慢的

[①] 2006 年 10 月 8 日，民政部《关于辽宁省沈阳市新城子区更名为沈北新区的批复》同意将沈阳市新城子区更名为沈北新区。

户籍制度改革，使得大量农村转移人口市民化程度较低，背离了"以人为本"的城镇化发展主线，影响了城镇化质量和社会和谐发展。为此，国家在一定程度上收紧了审批，撤县设区"降温"。与此同时，由于人口和资源过度集中在中心城市引发城市规模不经济，产业开始向周边地区迁移，而撤县（市）设区不仅可以拓展城市发展空间，还有利于区域协调发展和基础设施统筹规划，促进城市功能疏散和产业转移（尚正永等，2015）。2012年之后，撤县（市）设区再次进入"高峰期"，这一时期的撤县（市）设区共有100多例。党的十八大以来，随着国家治理体系和治理能力现代化与新型城镇化的快速推进，撤县（市）设区、区县（市）重组等方式的行政区划调整显示两个特点。一是重点调整了具有国家发展战略突出地位的节点城市。例如，"一带一路"倡议，以及京津冀协同发展、长江经济带等国家战略涉及的上海、北京、西安、长沙、连云港、秦皇岛、保定、南京等城市进行了撤县（市）设区。二是进一步优化和调整地级市辖区的规模结构。例如，对赣州、绍兴、安顺等"单区市"进行调整，对保定、常州、南京规模较小的辖区进行撤并调整。此外，2009年试行的"省直管县"政策也对撤县（市）设区起到了推动作用。出于自身利益考虑，地级市希望在"省管县"财政体制落实之前，抢先将下辖县（市）改撤为区，从而维持其原有的管辖权限和固有利益。

总体而言，撤县（市）设区的动因可归纳为三个方面。一是整合资源。联合原县级区域发展力量，通过行政区划调整加强对重要资源的控制和利用，提升中心城市整体经济实力，更好地发挥城市的辐射作用（Fleischmann，2000）。二是拓展空间。撤县（市）设区不仅迅速扩大了中心城市的发展空间（李开宇，2010）和增强城市竞争力，还能促进人口规模和经济总量的提升，对城市持续发展具有重要意义（唐为和王媛，2015；邵朝对等，2018）。三是合理规划。撤县（市）设区后，可以统一城市及其周边地区的建设规划，有利于周边城市协调发展，从而减少城市之间的内耗和避免重复建设造成的浪费和环境污染（汪宇明等，2008；段龙龙和王林梅，2019）。

二、撤县（市）设区与区域发展

撤县（市）设区在适应城镇化发展进程，拓展城市发展空间，促进区域协调发展的同时，对原有县级行政体制和职能也带来了重大变革。撤县（市）设区前，地方官员只关注辖区内的经济增长，政府间恶性竞争频繁出现（方红生和张军，2009）。由于经济活动存在外部性，社会最优与个体最优经常出现背离。比如，地方政府为吸引新企业进入展开激烈的税收竞争（许敬轩等，2019）。撤县（市）设区既增强了中心城区政府的功能，又带动了郊区县（市）的参与。这不同于以往的各自为政，撤县（市）设区是依靠两者之间的合作来推动城市发展和城镇化建设。此外，撤县（市）设区对地方发展的影响是多方面的，目前的研究主要分为三个方面。第一，撤县（市）设区对区域经济增长的影响。撤县（市）设区不仅是行政边界的更改，还打破了地方保护主义和市场壁垒的束缚，促进了要素的流动和经济发展（Li et al.，2016；唐为，2019；庄汝龙等，2020）。第二，撤县（市）设区对城镇化的影响。基于增长极理论，撤县（市）设区破除了城市发展的空间约束，提升了中心城市的规模和辐射力度，通过极化效应和扩散效应，带动周边地区经济发展和城镇化建设（高琳，2011）。第三，撤县（市）设区对人口增长的影响。撤县（市）设区后，大量资源不断集聚，促进了人口的增长（魏守华等，2020）。此外，还有学者探讨了撤县（市）设区其他方面的影响，比如税负（范子英和赵仁杰，2020）、出口（卢盛峰和陈思霞，2016）、僵尸企业（彭洋，2019）和融资约束（卢盛峰和陈思霞，2017）等。

三、行政区划与环境污染

行政区划既为地方官员划定了管辖区域，也为地方保护主义提供了边界。由于我国疆域辽阔，不同地区的环境质量对环境产生影响的因素大不相同，也有很多学者从区域环境质量入手，通过分析区域性的政府行为检验区域经济发展与环境质量之间的关系（Grossman，1995；涂正革，2008；杨继生等，2013；Zheng et al.，2015；邵帅等，2016；林伯强和谭睿鹏，2019）。然而，分权下的地方官员只关注辖区内的经济增长，政府间"竞次"问题严重（周黎安和陶婧，2011），地方政府会放松当地的环境管制，致使环境污染问题难以解决（Esty & Daniel，1996；Cole & Matthew，2004；沈坤荣和周力，2020）。更有甚者，为自身利益最大化，还出现将污染转移至下游或周边县域的行为（Sigman，2005；Cai et al.，2016）。西格曼（Sigman，2002）发现，当河流跨越国界时，边界附近上游的污染浓度比其他河段要高。此外，各行政区域之间还存着严重的市场分割（Poncet & Sandra，2003；陆铭和陈钊，2009；Kimiagari et al.，2019）。区域间存在明显的本地偏好和地方保护主义（Bai et al.，2004；黄新飞等，2014）。这意味着，当前划域而治的污染治理格局下，污染存在边界效应（Hosoe et al.，2006；Lipscomb et al.，2016）。空气污染具有典型的负外部性，如果缺乏足够的协调，行政区划边界的污染治理收益无法被当地政府内部化，边界地区将出现更高的污染水平。总体上，撤县（市）设区不仅打破污染边界，还能提升创新活力和资源流动效率，因此，研究撤县（市）设区对空气污染的影响对环境污染的协同治理具有重要意义。

根据对现有文献的梳理，目前鲜见撤县（市）设区对空气污染影响的研究。以往学者普遍关注撤县（市）设区对经济发展、城镇化、人口规模等的影响。撤县（市）设区前，由于"晋升锦标赛"指挥棒的作用，县级政府官员主要通过政府土地经营、吸引低质量企业等粗放的发展方式来拉动短期的经济增长。这种外部不经济和资源错配的方式实际上加剧了对地方环境的危害，并不利于经济的长期高质量增长和可持续发展。然而，近年来，撤县（市）设区推进了区域一体化进程，打破了地方行政壁垒，促进了地方资源共享和人才流动，同时有利于环境政策的跨区域执行，进而可能影响当地空气污染。本章将撤县（市）设区的研究拓展到环境经济学领域，以撤县（市）设区过程中所带来的空气污染的变化来考察行政区划调整政策的环境影响，从而为我国绿色发展背景下行政区划调整提供理论依据和决策参考。

第三节 行政区划调整与空气污染的理论模型

由于空气污染具有流动性，属于跨界污染。为简化分析，通过借鉴奥斯马尼和托尔（Osmani & Tol, 2010）和藤田（Fujita, 2013）等的研究，本章假设一个区域性的跨界污染涉及两个相邻的区域 A 和 B，且假定各区域作为经济主体，在发展水平、生产结构、社会及自然属性方面相同，两个区域的污染排放相同。这样假定的原因有二：一是只有两个相同的城市才能求出相同的解，并与下文中两个城市协同治理污染后新的求解结果进行对比，以便观察前后差异；二是假定城市相同可以满足绝大多数县级单位的情况，下文也予以说明。进一步地，本章假定技术水平保持不变，单位的污染物对应单位的产出，即二者之间呈线性关系。同时考虑边际收益递减，污染物与边际收益之间的关系可以表示为：

$$y_i = y_i(p_i) = \frac{\alpha}{p_i} \tag{6.1}$$

其中，y_i 表示区域 i 的边际经济效益，p_i 表示区域 i 的污染物排放量，α 为常数。因此，区域 i 的经济收益 Y_i 可以表示为：

$$Y_i = \alpha \times \ln(p_i) \tag{6.2}$$

环境因素在生产活动中发挥重要作用，在模型中加入环境成本，考虑到环境成本满足边际成本递增的规律，环境边际成本的函数如下：

$$c_i = c_i(p_i) = p_i^{\beta} \tag{6.3}$$

其中，c_i 表示区域 i 的环境边际成本，β 为常数。区域 i 的环境成本 C_i 可以表示为：

$$C_i = \frac{p_i^{(\beta+1)}}{\beta+1} \tag{6.4}$$

若污染物不存在流动效应，由式（6.2）和式（6.4），可以得到区域的福利函数：

$$W_i = Y_i - C_i = \alpha \times \ln(p_i) - \frac{p_i^{(\beta+1)}}{\beta+1} \tag{6.5}$$

不过，考虑到空气污染的跨界性，本章假定污染排放的跨界率为 θ（$0<\theta<1$），即 A 区域中会有比重为 θ 的污染物传输至 B 区域，反之亦然。于是，对于区域 i，其所实际遭受的污染排放量为：

$$Q_i = (1-\theta)p_i + \theta p_j, \quad i \neq j \tag{6.6}$$

此时，根据式（6.5）和式（6.6），区域 i 的福利函数为：

$$W_i = \alpha \times \ln(p_i) - \frac{[(1-\theta)p_i + \theta p_j]^{(\beta+1)}}{\beta+1} \tag{6.7}$$

由于各区域都会追求自身的福利最大化，根据一阶条件 $\partial W_i / \partial p_i = 0$，求解得：

$$p^* = \left(\frac{\alpha}{1-\theta}\right)^{\left(\frac{1}{1+\beta}\right)} \tag{6.8}$$

以上结果为两个区域协同治理之前的情况，考虑区域之间协同之后二者的总体福利情况：

$$W_T = W_i + W_j$$
$$= \alpha \times \ln(p_i) + \alpha \times \ln(p_j) - \frac{[(1-\theta)p_i + \theta p_j]^{(\beta+1)}}{\beta+1} - \frac{[(1-\theta)p_j + \theta p_i]^{(\beta+1)}}{\beta+1}$$
$$\tag{6.9}$$

此时，两个区域会采取区域整体福利最大化的污染排放决策，根据福利最大化的一阶条件 $\partial W_i / \partial p_i = 0$ 和 $\partial W_j / \partial p_j = 0$ 计算，可以得出整体最优情况下的污染排放量：

$$p^{**} = \alpha^{\left(\frac{1}{1+\beta}\right)} \tag{6.10}$$

对比式（6.8）和式（6.10）可以发现，区域 A 与区域 B 在协同治理情形下的污染排放要小于协同之前的水平，而导致这一差异的主要因素是区域之间的污染传输系数 θ，这说明区域协同对治理区域间跨界污染的重要性。尽管理论模型的结果是建立在理想情形之下的，过程需要满足前提假定，但这一结果却适用于我国绝大多数县级区域的实际。事实上，

20世纪80年代以来，新制度学派已经开始试图通过政府管制或采取区域性政策等方式优化空间资源分配和协调区域发展。不可否认，由于环境外部性的根本问题在于收益的集中和成本的分散，因此，提升区域间组织化水平可以在一定程度上使得外部性环境问题内部化，有利于区域经济的可持续发展。同时，为了进一步验证现实中环境协同治理的有效性，本章立足撤县（市）设区，通过构建计量模型验证协同治理对空气污染的影响。不同于理论模型的简化假设，实证分析考虑了县级区域之间的差异，建立双重固定效应模型以控制时间和空间效应，并在此基础上构建DID模型讨论各异质性条件下环境污染的外部性如何在撤县（市）设区调整过程中将空气污染问题内部化。

第四节 撤县（市）设区影响空气污染的模型构建

一、模型设定

本章梳理了2001~2018年我国撤县（市）设区的行政区划调整，以此作为县级区域的政策冲击，通过建立DID模型分析撤县（市）设区对县级空气污染的影响。研究将我国发生撤县（市）设区行政区划调整的县级单位作为实验组，其他样本作为对照组。具体模型如下：

$$PM_{it} = \alpha + \beta cxsq_{it} + \varphi Control_{it} + \mu_t + \gamma_i + \varepsilon_{it} \tag{6.11}$$

其中，i和t分别代表县级单位和年份。PM_{it}表示县级单位i第t年的空气污染程度。$cxsq_{it}$为虚拟变量，如果县级单位i第t年经历过撤县（市）设区的政策冲击则取值为1，否则为0。$Control_{it}$为一系列控制变量，μ_t是年份固定效应，γ_i为县级空间固定效应，ε_{it}为随机误差项。

因变量空气污染（PM_{it}），取值$PM_{2.5}$浓度。尽管衡量空气污染存在其他指标，但基于县级数据的可获得性以及数据的权威性，本章采用

PM$_{2.5}$浓度作为空气污染的衡量指标。其他控制变量主要有以下五个。人口密度（density）。人口是地方空气质量的一项重要影响因素。无论是居民的生活排放还是交通出行均对一个区域的空气质量构成压力。因此，空气质量的下降，一定程度上与区域所承载的人口数量具有很大关系。人均地区生产总值（pgdp）。经济增长与空气污染之间的关系已经得到许多研究的验证（Pajooyan et al., 2008; Kukla-Gryz & Anna, 2009）。改革开放以来，中国经济快速增长，同时不可避免地加剧了对资源的消耗及对环境保护的压力。环境恶化和资源过度长期消耗成为县域经济发展初期所面临的难题（张松和曹靖，1999）。本章在模型中加入人均地区生产总值控制经济增长对空气污染的影响。工业化（sec）。空气污染与工业化之间的冲突日益受到关注（李静萍和周景博，2017）。大多数发展中国家及新兴工业化国家的发展实践表明，随着工业化水平的提升，自然资源被过度开发（Ramaiah et al., 2017）、化石能源消耗逐渐增加（Meng et al., 2018）、工业污染物不断排放（Wang et al., 2018），导致了空气质量的显著下降。要素禀赋（endow）。依据要素禀赋理论，企业的生产和地方要素禀赋有关，资本比较丰裕的国家或地区在资本密集型产品上更具有比较优势，然而，资本密集型产品通常具有污染性特征（Deng et al., 2020）。本章选择县级单位固定资产投资与劳动力数目之比作为要素禀赋的因素加以控制。基础建设投资（constr）。县级单位的基础建设投资与城镇化的关系密不可分。基础建设投资可以衡量一个地方城区的扩大以及交通设施、城市规划等的发展状况，而这些都对空气污染存在重要影响（孙传旺等，2019）。

考虑到县级单位的自然资源状况、政府治理能力、整体经济增长等对空气污染的影响，本章采用双重固定效应来控制县级单位的特征。同时，为了数据的平稳性，对各项经济数据与环境质量数据进行了取对数处理。

二、数据来源

本章的经济和人口数据等主要来源于《中国县域统计年鉴》和《中

国县（市）社会经济统计年鉴》。空气污染数据来源于华盛顿大学 Atmospheric Composition Analysis Group（van Donkelaar et al., 2019；Hammer et al., 2020）。核心解释变量撤县（市）设区主要来源于行政区划网站（http：//www.xzqh.org/html/），此网站记录了历年县级及以上地区实施行政区划调整的详细信息。本章收集整理了 2000~2018 年所有的撤县（市）设区县级数据。为排除与撤县（市）设区政策类似的其他平行政策的影响，本章还收集整理了每个县（市）是否发生县域变化，以及撤县设市、省直管县（市）、相关官员数据等情况，这些信息主要来源于中央或各省份的相关文件。

第五节 撤县（市）设区影响空气污染的实证检验

一、实证分析

尽管本章前述分析发现了撤县（市）设区对空气污染可能产生的影响，但仍需要通过实证分析加以验证。本部分基于式（6.1）的 DID 计量模型，利用 2000 余个县级面板数据检验撤县（市）设区对空气污染的影响方向和大小。为增加结果的可信度，还通过剔除样本、控制其他区域政策和官员变动、引入空气流动系数、替换变量等方式进行了一系列稳健性检验。在此基础上，本章从多个维度对这一影响的作用机制进行深入分析。

（一）基准回归

基准回归结果如表 6-1 所示。第（1）至第（4）列均表明，撤县（市）设区对空气污染的影响为负，且都表现为在 1% 或 5% 的显著性水平上显著。撤县（市）设区会显著降低空气污染，极有可能是因为地方行政区划调整加强了环境法律法规的执行力度，或者推动产业结构升级，促进了地方清洁生产，下文的影响机制分析将对此展开深入探讨。

表 6-1　　　　　　　　　　基准回归结果

变量	(1)	(2)	(3)	(4)
cxsq	-0.147*** (0.015)	-0.145*** (0.019)	-0.141*** (0.019)	-0.034** (0.017)
density		0.180*** (0.025)	-0.072*** (0.021)	-0.087*** (0.020)
pgdp		-0.054*** (0.009)	-0.059*** (0.009)	-0.011 (0.008)
sec		0.050*** (0.008)	0.047*** (0.007)	-0.031*** (0.006)
endow		-0.030*** (0.003)	-0.027*** (0.003)	-0.002 (0.003)
constr		0.014*** (0.004)	0.017*** (0.004)	0.010** (0.004)
常数项	3.458*** (0.016)	3.175*** (0.088)	4.015*** (0.080)	3.989*** (0.108)
时间效应	否	否	否	是
空间效应	否	否	是	是
R^2			0.033	0.393
样本数	36290	22440	22440	22440

注：***、**分别表示在1%、5%的显著性水平上显著；表中时间效应为年份固定效应，空间效应为县级固定效应。

（二）平行趋势检验

DID模型要求处理组与对照组在事件发生之前具有共同趋势。基于此，本章借鉴贝克等（Beck et al., 2013），构造了一系列衡量撤县（市）设区年份前后的虚拟变量，通过动态DID模型进行共同趋势检验。图6-1的结果显示，调整实施时间之前的系数均不显著，表明在撤县（市）设区之前，处理组与对照组对空气污染的影响并不存在显著差异，满足 DID 模型的平行趋势假设。同时，从 $d3$ 至 $d9$ 的系数来看，撤县（市）设区调整实施时间之后其对空气污染的减缓作用明显。

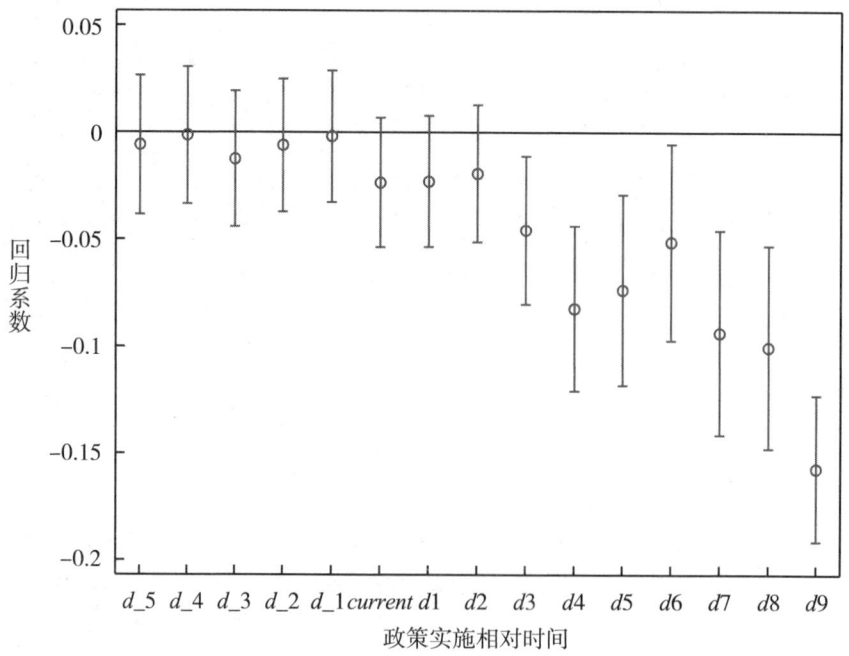

图 6-1 平行趋势检验

注：d_1 至 d_5 分别表示政策实施之前 1~5 期，$d1$ 至 $d9$ 分别表示政策实施之后 1~9 期，current 表示政策实施当期。

不过，从图 6-1 的结果可以看出，撤县（市）设区对空气污染的影响并非一次性的，而是具有滞后影响，这主要是因为调整实施不是一步到位。由于撤县（市）设区能够直接增加市辖区的人口、土地、财政收入等，对地级市的竞争力和综合实力影响明显。另外，对于新并入的区而言，市辖区税收和土地出让收入留存比例总体少于县（市），财政自主权下降，所以，在行政区划调整之后，其财政收入存在下降的可能。为确保行政区划调整后当地经济社会平稳发展，绝大多数地方会设置 3~5 年的过渡期，在过渡期内，仍维持原有县（市）体制，通常实行"四不变"政策，即事权、经济管辖权、财税体制、优惠政策，这也是撤县

第六章 撤县（市）设区与空气污染

（市）设区对空气污染影响滞后的原因。

（三）稳健性检验

在前文基准回归分析之后，为了检验回归结果的可信度，本章通过剔除样本、控制其他区域政策和官员变动、引入空气流动系数、替换变量等方法，对实证分析结果的稳健性进行检验，结果如表6-2所示。

表6-2　　　　　　　　稳健性检验

变量	(1)	(2)	(3)	(4)	(5)	(6)
$cxsq$	-0.035** (0.017)	-0.036** (0.017)	-0.036** (0.017)	-0.042** (0.017)	-0.035* (0.018)	-0.054** (0.024)
$density$	-0.083*** (0.020)	-0.083*** (0.020)	-0.083*** (0.020)	-0.076*** (0.020)	-0.081*** (0.024)	0.442** (0.187)
$pgdp$	-0.011 (0.008)	-0.011 (0.008)	-0.011 (0.008)	-0.011 (0.008)	-0.013 (0.010)	0.042* (0.022)
sec	-0.030*** (0.006)	-0.030*** (0.006)	-0.030*** (0.006)	-0.027*** (0.007)	-0.025*** (0.009)	0.161*** (0.023)
$endow$	-0.003 (0.003)	-0.003 (0.003)	-0.003 (0.003)	-0.001 (0.003)	0.000 (0.003)	-0.051** (0.023)
$constr$	0.011*** (0.004)	0.011*** (0.004)	0.011*** (0.004)	0.010** (0.004)	0.007 (0.005)	0.005 (0.011)
$cxss$		-0.017 (0.034)	-0.013 (0.035)	-0.001 (0.037)	0.056 (0.039)	-0.123* (0.071)
$dire\_gov$			-0.059 (0.085)	-0.061 (0.089)	-0.090 (0.095)	0.159 (0.117)
$offi$				-0.000*** (0.000)	-0.000*** (0.000)	0.000** (0.000)
$lacc$						-0.018 (0.025)
常数项	3.963*** (0.109)	3.962*** (0.109)	3.961*** (0.109)	8.390*** (1.119)	14.741*** (1.141)	-18.574*** (7.101)

续表

变量	(1)	(2)	(3)	(4)	(5)	(6)
剔除样本	是	是	是	是	是	是
时间效应	是	是	是	是	是	是
空间效应	是	是	是	是	是	是
R^2	0.392	0.392	0.392	0.392	0.479	0.520
样本数	21894	21894	21894	21026	16804	18730

注：括号内为稳健标准误；***、**、*分别表示在1%、5%、10%的显著性水平上显著；表中时间效应为年份固定效应，空间效应为县级固定效应。第（1）列为删除县域发生变化和更改名称的样本。第（2）至第（5）列控制了其他区域变动政策。第（2）列增加了撤县设市的控制项（$cxss$），该变量为虚拟变量，如果当年本地已发生撤县设市则取1，否则取0。第（3）列增加了表示省直管县（市）的虚拟变量（$dire\_gov$）。第（4）列中，控制了官员更替因素（$offi$），主要采用县级书记或县长任期内，县域代码与县级领导上任年份的交乘项来控制官员更替的影响。第（5）列增加空气流动系数控制项（$lacc$）。第（6）列采用更换因变量的方式进行稳健性检验，将因变量替换为县级单位 CO_2 排放量的对数，其他列因变量仍为 $PM_{2.5}$ 的对数。

1. 删除县域变化、名称更改等样本

2001~2018年，全国大约200多个县级单位管辖范围出现扩张或缩小。比如，2003年5月，厦门市的鼓浪屿区、思明区和开元区合并成立新的思明区；2006年3月，安徽将濉溪县钟楼乡划入相山区渠沟镇，将濉溪县赵集乡与原古饶镇合并，成立新的古饶镇，同时划入烈山区。县域的扩大或缩小，不仅是行政面积的变化，还会带来县级单位经济、人口、环境等方面的改变。县级单位的样本中除了存在县域变化的情形外，还存更改名称的情况。比如，2002年，合肥市郊区更名为包河区；2003年，新乡市郊区更名为牧野区。更名后的县级单位不仅在行政权力上发生变化，也更加有利于招商引资和经济增长。因此，无论是县域的变化还是名称的更改，都意味着样本的随机性和平稳性受到影响，所以，本章在剔除县域变化和名称更改等样本的基础上重新回归。结果如表6-2第（1）列所示，在其他因素不变的情形下，删除县域变化、名称更改等样本后，撤县（市）设区对空气污染的影响仍为负，且在5%的显著性水平上显著。这进一步证明了前文模型结果的稳健性。

2. 控制其他区域变动政策

我国县域的经济社会发展与民生关系密切，现行的县级单位主要隶属于地级市，实行"市管县"的行政体制。然而，这种体制也面临一些问题和挑战。实际的权力和税收上缴、责任下移意味着县级付出太多、获得太少，财政难以好转。县级政府的财力有限但同时又得直接承担民生建设和改善的重任，导致基层财政长期吃紧，甚至背负巨额债务。尽管近些年中央的转移支付力度不断加大，但地方政府的财政状况依然不尽人意。此外，市级与县级还存在一定的竞争关系，财税完成、基建投资等均会优先考虑市辖区，政府的工作重心也一般倾向于城区的经济发展。为了更好地缓解这种负面效应，国家也曾提出其他区域变动政策，主要包括对经济发展水平较高的县级单位进行"撤县设市"，或直接提出"省管县（市）"。

为了检验基准回归结果的稳健性，本章对这两种政策同样加以控制。(1) 撤县设市。经历撤县设市后，地方的自主权更大，同时区级层面的体制机制和政策相对县能够对应更多的选择或调动更多的资源。过去，县级政府大多重视农业发展，存在大量围绕农业的政策安排，而县改市后，一方面，城市建设及其经济规模趋于扩大，经济结构高级化，产业间融合程度大大提高；另一方面，通过更大范围、更多产业的招商引资，输入资金、技术和理念，倒逼当地的制度和机制创新。在本章的样本区间，若干县级单位完成了撤县设市，比如 2013 年 1 月撤销扶余县，重新设立扶余市（县级），原行政区域不变；2015 年 8 月，撤销腾冲县，设立腾冲市（县级），由云南省直辖，保山市代管。撤县设市后，这些县级单位因受到相应政策的影响，可能会影响样本的随机性，进而对回归结果造成一定影响。为此，本章对撤县设市加以控制。结果如表 6-2 第（2）列所示，在控制撤县设市的影响后，撤县（市）设区对空气污染的影响依然显著为负。(2) 省管县（市）。随着国家扁平化放权式行政管理体制改革的推进，省管县（市）是除撤县设市外的又一区域政策变动。为了促进县域经济的发展壮大，增强县级政府的积极性、自主性和创造性，从管理体制上实行"扩权强县"。党的十七届三中全会提出，"有条件的地方可依法探索省直接管理县（市）的体制"。2010 年，中央机构编制委员会办公室发出《关于开展省直管县体制改革试点的通知》，指导各地依法进行省直管县体制改革试点工作。研究表明，省管县（市）政策不仅使县级单位隶属关系发生变化，还调动了县级单位市场主体的积极性和经济效率（郑新业等，2011），甚至对当地环境治理也产生一定的影响（才国伟等；王小龙和陈金皇，2020）。本章控制这一政策对结果的影响，如表6-2第（3）列所示，撤县（市）设区对空气污染的影响依然为负。

3. 控制官员更替的影响

改革开放以后，我国实施分权让利的体制改革，中央给予地方更多的自主权（刘冲等，2014；邵传林，2016）。地方官员拥有制定或执行公共政策的权力，其在推动地方经济发展、改善公共服务以及维持社会秩序等各方面都发挥着重要的作用（干春晖等，2015）。而随着地方官员的换届、更替，新上任的官员由于政策偏好的变化，可能会给地方经济带来较大的波动（王贤彬和徐现祥，2008；张军和高远，2007）。由于不同的官员学识、性格和偏好不同，对地方经济的影响表现出一定的异质性（文雁兵等，2020）。为了控制这些差异性因素的影响，本章在模型中控制官员的更替，结果如表6-2第（4）列所示，撤县（市）设区对空气污染的负向影响依然成立。

4. 控制空气污染的流动

由于空气污染的特殊性，大气中的细微颗粒物会随着风向、风力等气象因素而转移。已知文献也证明了风对空气污染物起到稀释和扩散的作用（Yang et al.，2020）。空气流动显然影响到大气中空气污染物的浓度，为了控制这一自然因素，本章参考陈诗一和陈登科（2018），在原有模型基础上，选择加入空气流动系数来控制空气污染物的流动效应。结果如表6-2第（5）列所示，控制空气流动系数后，结果依然稳健。

5. 更换变量

本章选取碳排放量替换空气污染指数，进一步检验结果的有效性。由于碳排放主要来自工业生产、交通运输等过程中化石能源的消耗，而这些也是空气污染的主要来源（Gokmenoglu et al.，2015；Appiah et al.，2019）。因此，空气污染与二氧化碳排放之间存在正的相关关系。同时，碳排放的核算可以相对精确地反映一个地方排放的情况，该结果不受空气流动的影响，更能准确地反映地方的空气污染水平。对因变量进行替换后，结果如表6-2第（6）列所示，撤县（市）设区对二氧化碳排放的影响为负，同理也可证明前文结果的稳健性。

（四）异质性分析

1. 县与县级市

尽管同属于县级单位，县与县级市仍存在一些不同。我国约有2800多个县级区域，绝大多数的县级政府职能重点在乡村。随着工业化水平的提升，城镇化的步伐加快，逐渐有部分县级市以撤县设市的形式建立起来。截至2018年，我国共计375个县级市。县级市政府是在符合国家设市标准的较小区域内设立的城市政府。不同于一般县政府的隶属层次，县级市一般由省政府直管、地级市政府代管。因此，尽管县级市行政级别和区、县及自治县是平级的，但行政管理权限比县政府稍高，一般不仅拥有"副地级市"的审批权，还能获取明显的优惠政策倾斜。考虑到二者的差异，本章将样本区分为一般县和县级市，并分别进行回归（见表6-3）。

表6-3　　　　县与县级市子样本的回归结果

变量	（1）	（2）
cxsq	-0.028 (0.032)	-0.054*** (0.019)
控制变量	是	是
时间效应	是	是
空间效应	是	是
R^2	0.398	0.418
样本数	4591	16458

注：括号内为稳健标准误；***表示在1%的显著性水平上显著；表中时间效应为年份固定效应，空间效应为县级固定效应。第（1）列为县级市子样本回归结果，第（2）列为其他县级样本回归结果。限于篇幅，异质性回归不再报告控制变量系数，备索。

结果如表6-3所示，第（1）列和第（2）列分别表示在其他因素不变的情况下，撤县（市）设区对空气污染影响为负，但仅第（2）列在1%的显著性水平上显著。原因可能在于，普通县级单位与县级市的发展程度存在明显差异。目前阶段，县级政府在着重解决"三农"问题、改善城乡二元经济结构和统筹城乡经济发展等方面均面临巨大挑战和耗费巨大精力。但县级市则不同，它们一般具有良好的经济基础，在城镇化建设和环境治理方面比县政府的要求更高。撤县（市）设区后，对于原县政府来说，工作的重心出现了转移，在环境方面的表现发生较大变化。而对于原县级市来说，由于经济相对发达，多数已经具有较为完善的环境污染治理体系，即使经历了撤市设区，其环境治理的边际投入增加并不明显，这也导致了县级市的空气污染受此政策影响不如普通县显著。

2. 区域异质性

作为我国国民经济的基本单元，县域经济是区域经济的重要构成和基础。就全国范围来看，县级单位在地理方位上存在较大差异，经济发展水平较高的地区，其县域经济发展水平相对较高，而经济欠发达地区的县域经济发展水平也相对比较落后。经济发达型、较发达型县（市）主要分布在东部、中部地区；欠发达型和不发达型县（市）则多分布于西部。为了进一步探讨撤县（市）设区对空气污染的影响在区域上的差异，本章按照东部、中部、西部地区将县级样本分为三类（见表6-4）。

表6-4　　　　区域异质性下子样本的回归结果

变量	（1）	（2）	（3）
$cxsq$	-0.003 (0.013)	0.021 (0.028)	-0.106*** (0.023)
控制变量	是	是	是
时间效应	是	是	是
空间效应	是	是	是
R^2	0.666	0.747	0.349
样本数	6116	4566	9140

注：括号内为稳健标准误；*** 表示在1%的显著性水平上显著；表中时间效应为年份固定效应，空间效应为县级固定效应。第（1）至第（3）列分别表示东部、中部、西部的回归结果。

从表6-4可知，仅西部地区撤县（市）设区对当地的空气污染影响显著为负。全国东部、中部、西部县域在人口规模、经济总量及地方财政收入等方面均有巨大差异。一般而言，西部地区的经济总量的平均水平比东部、中部要小很多。不仅如此，西部地区的财政收入平均水平远远低于东部、中部。正因如此，西部地区的县级单位工作重心更加偏向农业经济和农民收入，而东部、中部由于相对发达的经济，县级单位工作重心偏向城镇化和高质量发展。这都造成东部、中部地区可能已经建立并具备良好的环境治理体系和治理能力，撤县（市）设区的实施更多的是水到渠成。为了缓解东部、中部、西部地区差距进一步拉大，西部撤县（市）设区政策的实施更多的是发展战略和政策的要求。通过撤县（市）设区，增强西部城市辐射力度，带动西部地区经济发展。撤县（市）设区后的西部县域会转变并升级初期的发展模式和方向，对环境治理提出新的要求。这极有可能是西部地区撤县（市）设区对空气污染影响显著的原因。

3. 县际经济差异

我国疆域广袤，县际之间不仅在历史背景、地理条件、发展水平、政策法规和人力资本等方面具有差异，人们的生产、生活习惯与方式也不完全相同。历史上，我国一直重视东部和中原地区的发展，使得这些地区拥有良好的经济基础和历史文化条件。新中国成立以来，县域之间更是受到空间梯度发展的影响，在人口分布及其民族、宗教等社会文化方面表现出明显不同，进一步加深了县域之间的经济差异。接下来，本章将根据县域经济差异进行分组回归，探讨撤县（市）设区对县域的空气污染影响的异质性（见表6-5）。

表6-5　　　　　县际经济差异下子样本的回归结果

变量	（1）	（2）	（3）	（4）
$cxsq$	-0.028 (0.020)	-0.059* (0.031)	-0.010 (0.012)	-0.069** (0.030)
控制变量	是	是	是	是
时间效应	是	是	是	是

续表

变量	(1)	(2)	(3)	(4)
空间效应	是	是	是	是
R²	0.535	0.321	0.498	0.323
样本数	10900	10651	10677	10874

注：括号内为稳健标准误；**、*分别表示在5%、10%的显著性水平上显著；表中时间效应为年份固定效应，空间效应为县级固定效应。第（1）列为县域经济相对发达的子样本回归结果，第（2）列为县域经济相对不发达的子样本回归结果。二者之间的区分主要是看人均地区生产总值是否超过全国平均水平。第（3）至第（4）列分别为我国三大经济圈（长三角、珠三角和环渤海经济圈）或非三大经济圈样本回归结果。

表6-5第（1）至第（2）列说明经济发展水平较低的县级单位，撤县（市）设区对当地空气污染的影响显著为负。越是经济发展水平较高，县级单位在环境保护方面越是能够建立完善的治理系统，制度也会趋于成熟。也正因此，与前文所述经济较为发达的县级单位行为相似，撤县（市）设区对经济发展水平较低的县级单位空气污染减缓的边际效应更为明显。

表6-5第（3）列和第（4）列分别表示经济圈内和经济圈外撤县（市）设区对空气污染的影响情况。结果表明，其他因素不变的情形下，撤县（市）设区对经济圈外的县级单位空气污染影响更为显著，这与前述研究的结果一致。经济圈指一定区域范围内的经济主体的集合或组织，通常表现为若干城市或地区集中占据经济的较大比重，我国三大经济圈的地区生产总值占到经济总量的近一半（林细细等，2018）。经济圈的特点表现为内部具有比较明显的同质性和群体性，与外部有着比较明确的组织和地域界限。经济圈内的县级单位多分布在东部地区，经济相对发达。结果又一次表明，越是经济欠发达的县级单位，其空气污染受撤县（市）设区的影响越显著。

二、机制检验

基于前面的研究结果，本章继续考察地方撤县（市）设区对降低空气污染的影响机制。由前面的文献综述可知，撤县（市）设区可以加强上级政府对县级单位的垂直管理，可能会提升地方的科学规划水平和环境门槛，促进环境政策的有效执行，有利于形成地方绿色发展的良性循环，推动空气污染的减少。同时，参与撤县（市）设区也有利于优化区域间空气污染治理的空间协同。因此，本章将从垂直性协同和区域性协同两个方面来分析撤县（市）设区减缓空气污染的影响机制。

（一）撤县（市）设区的垂直性协同效应

区政府与所在地级市政府的关系相对密切，管辖范围也多位于城市的主城区。为了市政规划的统一协调，区政府权限相较于其他县级单位更小。撤县（市）设区后，区政府所接受的垂直性管理明显更多。文献研究表明，撤县（市）设区的垂直性协同机制可以显著提高县域的政策执行效率，完善区域环境保护制度，为地方经济发展和环境保护创造更好的平台和条件。为了检验该作用机制，本章分别从撤县（市）设区政策的环境门槛效应和政策执行效应两方面分析撤县（市）设区对空气污染的影响（见表6-6）。

表6-6　　撤县（市）设区的垂直性协同效应检验

变量	（1）	（2）
$cxsq$	-0.160* (0.084)	0.169*** (0.042)
$density$	0.112 (0.137)	0.120** (0.052)
$pgdp$	0.009 (0.046)	0.012 (0.015)
sec	-0.145*** (0.047)	0.013 (0.013)
$endow$	-0.011 (0.014)	0.007 (0.006)

续表

变量	(1)	(2)
constr	-0.063*** (0.023)	-0.003 (0.006)
cxss	-0.024 (0.158)	-0.054 (0.086)
dire_gov	-0.868*** (0.229)	-0.020 (0.020)
offi	0.000*** (0.000)	-0.000 (0.000)
常数项	-25.479*** (5.490)	4.817 (2.979)
时间效应	是	是
空间效应	是	是
R^2	0.159	0.044
样本数	11949	9715

注：括号内为稳健标准误；***、**、*分别表示在1%、5%、10%的显著性水平上显著；表中时间效应为年份固定效应，空间效应为县级固定效应。第（1）列因变量为工业企业净增加数，本章采用当年的企业数量与上期的企业数量的差分表示。一方面，该差分值能够表示一个县域工业企业流入与流出的数目之差；另一方面，因为工业企业是空气污染的主要来源，也是对空气污染物进行干预的主体。该指标能够通过对工业企业的考察来表达一个县域的污染门槛水平提升情况。第（2）列的因变量为政策的执行力度，本章采用县级单位街道办事处的数目来表示。

1. 提升环境准入门槛

环境准入门槛的提升可以积极地引导地方产业绿色发展，通过从源头上控制污染型企业的进驻而降低空气污染。现有的研究发现，区域规划的升级会增强区域生态环境的治理意识，提升地方对环境保护的需求，并在实践中严格落实环境准入制度，这将导致污染型产业面临更多的政策性进入障碍。由于空气污染的主要来源是工业的排放（Hennig et al.，2014），本章通过撤县（市）设区对工业企业净增长数目进行回归，实证检验撤县（市）设区的环境准入门槛效应是否存在。表6-6第（1）列表明，撤县（市）设区对工业企业净增长数目的影响，其确实显著降低当地工业企业的净增长。换言之，撤县（市）设区后县级单位会削减、淘汰或迁出一部分工业企业，从而产生抑制空气污染的效果。

2. 加强政策执行力度

研究发现，不同级别的政府系统其政策执行效率存在显著差异。即使是同一级别的乡镇政府和街道办事处，两者之间的行政效率也有不同。乡镇政府是一级地方政府，属于基层政府，街道办是一级政府比如区政府、县政府或者市政府（县级市，个别为地级市）的派出机构，本身并不属于一级地方政府，但两者级别一样，为正科级建制。尽管乡镇政府的权力是乡镇人大授予的，对乡镇人大负责，而街道办的权力是上级政府赋予的，对上级政府负责，但大多数情况下，两者的实际管理职权比较接近，非正式场合通常会被视为一种类型的机构，即基层政权组织。同时，一般街道办多设在主城区、部分县城，而乡镇政府多设在非主城区，大部分县城地区以及乡村。总体上，街道办对政策的执行效率更高，而且大多数污染源多位于城镇化程度较高的城区，这部分地区治理能力与治理系统的效率对治理空气污染很重要。一方面，街道办事处直属于县级政府，办事效率和执行力度均相对一般乡镇要高；另一方面，县域的空气污染源多处于街道办事处管辖范围，街道办事处的设立有助于环境保护精细化管理和环保政策的高效实施。本章通过撤县（市）设区对街道办数目进行回归，实证检验撤县（市）设区的政策执行效应是否存在。如表6-6所示，第（2）列是撤县（市）设区政策执行效应的估计，结果说明，撤县（市）设区具有显著的政策执行效应。

（二）撤县（市）设区的区域性协同效应

区域大气污染治理中，各主体之间的协同往往面临着较多的障碍。大气污染的治理不仅需要中央与地方之间进行有力的协调，强化并落实环保督查等环境保护政策，更需要地方政府之间的通力配合。然而，我国现行的治理模式决定了地方政府仅对本地的环境负责。由于我国地方政府之间缺乏必要的联动机制，无论经济发展，还是环境保护，地方政府常常选择各自为战。甚至部分地区为了追求地区生产总值增长和自身政绩，不惜"以邻为壑"，导致"公地悲剧"一再上演。而空气污染可以随着大气的流动而实现传输，单一政府的管理不能从根本上解决污染的问题。加之大气污染的治理是一项长期的工作，需要投入大量的资源与时间，这对各个地区来说都是一种挑战，因此，更需要区域间的协调配合。就政策而言，撤县（市）设区可以在一定程度上打破区域之间的竞争关系和地方保护主义，加强区域之间的沟通，有利于区域大气污染的协同治理。为了验证撤县（市）设区政策的区域性协同效应，本章分别从县级和市级双重角度做出如下检验。首先，确定县级层面空间权重矩阵，基于空间DID模型验证周边区域发生撤县（市）设区对本地空气污染的影响。其次，本章将县级数据加总到市级层面，验证撤县（市）设区政策对地级市空气污染总体水平的影响。然后，以地级市为研究对象，通过空间权重矩阵继续检验周边地区发生撤县（市）设区对本地级市空气污染的影响，以考察区域性协同在地区层面的作用（见表6－7）。

表6－7　撤县（市）设区的区域性协同效应检验

变量	(1)	(2)	(3)
$cxsq$	-0.055*** (0.020)	-0.036** (0.017)	-0.033** (0.017)
$W \times cxsq$	-0.231*** (0.038)		-0.130*** (0.034)
$density$	-0.097*** (0.021)	-0.185*** (0.047)	-0.185*** (0.045)
$pgdp$	-0.008 (0.010)	-0.023 (0.028)	-0.023 (0.027)
sec	-0.032*** (0.008)	-0.040* (0.021)	-0.039* (0.020)
$endow$	-0.001 (0.003)	-0.003 (0.006)	-0.002 (0.006)
$constr$	0.008* (0.005)	0.012 (0.009)	0.011 (0.009)

续表

变量	(1)	(2)	(3)
cxss	-0.054 (0.039)	0.078 (0.060)	-0.029 (0.071)
dire_gov	-0.014 (0.110)	0.030 (0.022)	0.000 (.)
offi	-0.000*** (0.000)	-0.000*** (0.000)	-0.000*** (0.000)
常数项	9.257*** (1.313)	15.010*** (2.455)	14.199*** (2.375)
时间效应	是	是	是
空间效应	是	是	是
R^2	0.380	0.502	0.506
样本数	17225	2932	2932

注：括号内为稳健标准误；***、**、*分别表示在1%、5%、10%的显著性水平上显著；表中时间效应为年份固定效应，空间效应为县级固定效应。第（1）列是基于县级数据的空间DID模型回归结果。其中，W为0~1空间权重矩阵，$W \times cxsq$为核心解释变量的空间滞后项，表示周边地区的撤县（市）设区实施情况的分权重加总结果，其系数表明周边地区政策实施对本地区的影响。第（2）列为地级市层面回归结果。因变量为地级市的空气污染情况，使用$PM_{2.5}$指标加以衡量。其中，核心解释变量仍为虚拟变量，若地级市实施撤县（市）设区则为1，若尚未实施则取0。第（3）列是在第（2）列的基础上加入空间滞后项$W \times cxsq$，其中，W为地级市层面的0~1空间权重矩阵，目的是从地级市层面检验周边地区撤县（市）设区对本地区空气污染的影响。空间DID方法参见恰加斯和阿佐尼（Chagas & Azzoni, 2016）和刁等（Diao et al., 2017）。

表6-7显示了撤县（市）设区通过区域性协同效应减缓空气污染的机制检验结果。第（1）列说明，周边地区实施撤县（市）设区后，本地空气污染程度表现为显著下降。第（2）列和第（3）列的结果说明在地级市层面，区域性协同效应仍然成立。其中，第（2）列表明，地级市范围内如果实施撤县（市）设区，空气污染显著下降，这与前文县级层面结果一致。而第（3）列表明，如果周边地级市实施撤县（市）设区，本地城市也会受到影响且显著降低本地空气污染。这与第（1）列的结果一

致,证实了撤县(市)设区在地级市层面的区域性协同效应。

第六节 研究结论与政策启示

一、研究结论

如何解决空气污染的负外部性问题是贯彻新发展理念、建设生态文明的重要一环。本章结合 2001～2018 年县级经济和空气污染数据,通过建立 DID 模型研究了撤县(市)设区对空气污染的影响。研究发现,撤县(市)设区的确有利于缓解空气污染。且通过多项稳健性检验,结论依然成立。异质性分析表明,经济发展水平较高的县级单位本身已经拥有较为完善的污染治理体系,撤县(市)设区对其空气污染治理的边际作用并不明显。而对于西部或欠发达地区的县域,撤县(市)设区可以促使其建立或完善环境保护制度,更能起到明显的空气污染减缓作用。进一步的机制分析表明,撤县(市)设区主要通过垂直性协同和区域性协同治理等方式降低辖区内空气污染。

二、政策启示

基于以上结论,本章对绿色发展背景下结合我国行政区划调整提出以下两点政策启示。第一,解决空气污染的负外部性问题仍然需要县域之间的协同,特别是经济欠发达地区,应通过加强区域间的协调,或者建立利益补偿机制,将空气污染的外部性问题内部化,从而减弱区域性污染治理的"边界效应"。这一启示与当前我国所推行的环境污染协同治理政策相通,此项政策对我国生态环境保护尤其是空气污染的防治具有重要意义。第二,城市规划、环境保护与行政区划必须统筹考虑。撤县

（市）设区后，应从全局和长远目标出发，在城市规划建设中考虑环境保护和生态建设。撤县（市）设区并非简单地撤销和划分，还需要更具有持久性和规范性的制度创新。通过法律和制度层面的探索，将高质量经济发展与营造良好的城市生态环境相结合，促进县域经济的可持续性增长，解决政府部门或是经济主体之间的协调问题，才是正确看待和用好撤县（市）设区与环境保护关系的根本所在。

参考文献

［1］白玫：《企业迁移的三个流派及其发展》，载《经济学动态》2005年第8期。

［2］卞元超、吴利华、白俊红：《高铁开通是否促进了区域创新？》，载《金融研究》2019年第6期。

［3］才国伟、张学志、邓卫广：《"省直管县"改革会损害地级市的利益吗？》，载《经济研究》2011年第7期。

［4］陈登科：《贸易壁垒下降与环境污染改善——来自中国企业污染数据的新证据》，载《经济研究》2020年第12期。

［5］陈建军：《中国现阶段产业区域转移的实证研究——结合浙江105家企业的问卷调查报告的分析》，载《管理世界》2002年第6期。

［6］陈建军、胡晨光：《产业集聚的集聚效应——以长江三角洲次区域为例的理论和实证分析》，载《管理世界》2008年第6期。

［7］陈诗一：《能源消耗、二氧化碳排放与中国工业的可持续发展》，载《经济研究》2009年第4期。

［8］陈诗一、陈登科：《雾霾污染，政府治理与经济高质量发展》，载《经济研究》2018年第2期。

［9］陈雯、苗双有：《中间品贸易自由化与中国制造业企业生产技术选择》，载《经济研究》2016年第8期。

［10］代丽华、金哲松、林发勤：《贸易开放是否加剧了环境质量恶化——基于中国省级面板数据的检验》，载《中国人口·资源与环境》2015年第7期。

［11］戴其文、杨靖云、张晓奇、胡森林：《污染型企业/产业转移的特征、模式与动力机制》，载《地理研究》2020年第7期。

[12] 邓柏盛、宋德勇：《我国对外贸易、FDI 与环境污染之间关系的研究：1995—2005》，载《国际贸易问题》2008 年第 4 期。

[13] 董艳梅、朱英明：《高铁建设能否重塑中国的经济空间布局——基于就业、工资和经济增长的区域异质性视角》，载《中国工业经济》2016 年第 10 期。

[14] 段龙龙、王林梅：《撤县设区改革有助于改善地方公共服务供给质量吗?》，载《公共管理评论》2019 年第 2 期。

[15] 范剑勇：《长三角一体化、地区专业化与制造业空间转移》，载《管理世界》2004 年第 11 期。

[16] 范剑勇、冯猛、李方文：《产业集聚与企业全要素生产率》，载《世界经济》2014 年第 5 期。

[17] 范子英、彭飞、刘冲：《政治关联与经济增长——基于卫星灯光数据的研究》，载《经济研究》2016 第 1 期。

[18] 范子英、田彬彬：《政企合谋与企业逃税：来自国税局长异地交流的证据》，载《经济学（季刊）》2016 年第 4 期。

[19] 范子英、赵仁杰：《财政职权、征税努力与企业税负》，载《经济研究》2020 年第 4 期。

[20] 方红生、张军：《中国地方政府竞争、预算软约束与扩张偏向的财政行为》，载《经济研究》2009 年第 12 期。

[21] 干春晖、邹俊、王健：《地方官员任期、企业资源获取与产能过剩》，载《中国工业经济》2015 年第 3 期。

[22] 高琳：《快速城镇化进程中的"撤县设区"：主动适应与被动调整》，载《经济地理》2011 年第 4 期。

[23] 高翔、黄建忠、蒙英华：《政府治理如何影响企业出口边际》，载《国际贸易问题》2017 年第 6 期。

[24] 韩超、陈震、王震：《节能目标约束下企业污染减排效应的机制研究》，载《中国工业经济》2020 年第 10 期。

[25] 何劲：《关于企业清洁生产研究的文献综述》，载《科技进步与对策》2006 年第 6 期。

[26] 胡鞍钢、刘生龙：《交通运输, 经济增长及溢出效应——基于中国省际数据空间经济计量的结果》，载《中国工业经济》2009 年第 5 期。

[27] 胡旭阳：《私营企业家的政治身份与私营企业的融资便利——以浙江省民营百强企业为例》，载《管理世界》2006 年第 5 期。

[28] 胡艺、张晓卫、李静：《出口贸易、地理特征与空气污染》，载《中国工业经济》2019 年第 9 期。

[29] 胡志强、苗健铭、苗长虹：《中国地市尺度工业污染的集聚特征与影响因素》，载《地理研究》2016 年第 8 期。

[30] 黄玖立、冯志艳：《用地成本对企业出口行为的影响及其作用机制》，载《中国工业经济》2017 年第 9 期。

[31] 黄凯南、乔元波：《产业技术与制度的共同演化分析——基于多主体的学习过程》，载《经济研究》2018 年第 12 期。

[32] 黄乐文、钱曦：《我国工业重心迁移、生产与消费分离及其环境效应研究》，载《中国人口资源与环境》2011 年第 12 期。

[33] 黄新飞、陈珊珊、李腾：《价格差异、市场分割与边界效应——基于长三角 15 个城市的实证研究》，载《经济研究》2014 年第 12 期。

[34] 吉赟、杨青：《高铁开通能否促进企业创新：基于准自然实验的研究》，载《世界经济》2020 年第 2 期。

[35] 金碚：《中国工业的技术创新》，载《中国工业经济》2004 年第 5 期。

[36] 景维民、张璐：《环境管制、对外开放与中国工业的绿色技术进步》，载《经济研究》2014 年第 9 期。

[37] 李春涛、孔笑微：《经理层整体教育水平与上市公司经营绩效的实证研究》，载《南开经济研究》2005 年第 1 期。

[38] 李红昌、Linda Tjia、胡顺香：《中国高速铁路对沿线城市经济集聚与均等化的影响》，载《数量经济技术经济研究》2016 年第 11 期。

[39] 李静、陈思：《出口企业比非出口企业具有更高的环境友好度

吗——基于微观企业数据的检验》，载《财贸经济》2014 年第 10 期。

[40] 李静萍、周景博：《工业化与城镇化对中国城市空气质量影响路径差异的研究》，载《统计研究》2017 年第 4 期。

[41] 李开宇：《行政区划调整对城市空间扩展的影响研究——以广州市番禺区为例》，载《经济地理》2010 年第 1 期。

[42] 李锴、齐绍洲：《贸易开放、经济增长与中国二氧化碳排放》，载《经济研究》2011 年第 11 期。

[43] 李娅、伏润民：《为什么东部产业不向西部转移：基于空间经济理论的解释》，载《世界经济》2010 年第 8 期。

[44] 李昭华、潘小春：《产品消费排污的信息不对称与生态标签在国际贸易中的战略操控》，载《数量经济技术经济研究》2005 年第 2 期。

[45] 梁建、陈爽英、盖庆恩：《私营企业的政治参与、治理结构与慈善捐赠》，载《管理世界》2010 年第 7 期。

[46] 梁平汉、高楠：《人事变更、法制环境和地方环境污染》，载《管理世界》2014 年第 6 期。

[47] 梁若冰：《口岸、铁路与中国近代工业化》，载《经济研究》2015 年第 4 期。

[48] 梁若冰、席鹏辉：《轨道交通对空气污染的异质性影响——基于 RDID 方法的经验研究》，载《中国工业经济》2016 年第 3 期。

[49] 林伯强、蒋竺均：《中国二氧化碳的环境库兹涅茨曲线预测及影响因素分析》，载《管理世界》2009 年第 4 期。

[50] 林伯强、刘泓汛：《对外贸易是否有利于提高能源环境效率——以中国工业行业为例》，载《经济研究》2015 年第 9 期。

[51] 林伯强、孙传旺：《如何在保障中国经济增长前提下完成碳减排目标》，载《中国社会科学》2011 年第 1 期。

[52] 林伯强、谭睿鹏：《中国经济集聚与绿色经济效率》，载《经济研究》2019 年第 2 期。

[53] 林细细、张海峰、张铭洪：《城市经济圈对区域经济增长的影响——基于中心外围理论的研究》，载《世界经济文汇》2018 年第 4 期。

[54] 刘秉镰、武鹏、刘玉海：《交通基础设施与中国全要素生产率增长——基于省域数据的空间面板计量分析》，载《中国工业经济》2010年第3期。

[55] 刘冲、乔坤元、周黎安：《行政分权与财政分权的不同效应：来自中国县域的经验证据》，载《世界经济》2014年第10期。

[56] 刘冲、周黎安：《高速公路建设与区域经济发展：来自中国县级水平的证据》，载《经济科学》2014年第2期。

[57] 刘华军、杜广杰：《中国经济发展的地区差距与随机收敛检验——基于2000~2013年DMSP/OLS夜间灯光数据》，载《数量经济技术经济研究》2017年第10期。

[58] 刘啟仁、铁瑛：《企业雇佣结构、中间投入与出口产品质量变动之谜》，载《管理世界》2020年第3期。

[59] 刘生龙、胡鞍钢：《交通基础设施与经济增长：中国区域差距的视角》，载《中国工业经济》2010年第4期。

[60] 刘生龙、胡鞍钢：《交通基础设施与中国区域经济一体化》，载《经济研究》2011年第3期。

[61] 刘修岩、李松林、秦蒙：《开发时滞、市场不确定性与城市蔓延》，载《经济研究》2016年第8期。

[62] 刘颖、郭琪、贺灿飞：《城市区位条件与企业区位动态研究》，载《地理研究》2016年第7期。

[63] 龙玉、赵海龙、张新德、李曜：《时空压缩下的风险投资——高铁通车与风险投资区域变化》，载《经济研究》2017年第4期。

[64] 卢盛峰、陈思霞：《政策偏袒的经济收益：来自中国工业企业出口的证据》，载《金融研究》2016年第7期。

[65] 卢盛峰、陈思霞：《政府偏袒缓解了企业融资约束吗？——来自中国的准自然实验》，载《管理世界》2017年第5期。

[66] 陆蓓、林纪荣：《技术贸易中的引进和创新》，载《上海交通大学学报：哲学社会科学版》2001年第9期。

[67] 陆铭、陈钊：《分割市场的经济增长——为什么经济开放可能

加剧地方保护?》，载《经济研究》2009 年第 3 期。

[68] 陆铭、张航、梁文泉：《偏向中西部的土地供应如何推升了东部的工资》，载《中国社会科学》2015 年第 5 期。

[69] 罗思平、于永达：《技术转移、"海归"与企业技术创新——基于中国光伏产业的实证研究》，载《管理世界》2012 年第 11 期。

[70] 马红旗、黄桂田、王韧、申广军：《我国钢铁企业产能过剩的成因及所有制差异分析》，载《经济研究》2018 年第 3 期。

[71] 茅锐：《产业集聚和企业的融资约束》，载《管理世界》2015 年第 2 期。

[72] 聂国卿：《我国转型时期环境治理的政府行为特征分析》，载《经济学动态》2005 年第 3 期。

[73] 聂辉华、李金波：《政企合谋与经济发展》，载《经济学（季刊）》2007 年第 6 期。

[74] 潘文卿：《中国的区域关联与经济增长的空间溢出效应》，载《经济研究》2012 年第 1 期。

[75] 彭向、蒋传海：《产业集聚、知识溢出与地区创新——基于中国工业行业的实证检验》，载《经济学（季刊）》2011 年第 3 期。

[76] 彭洋、许明、卢娟：《区域一体化对僵尸企业的影响——以撤县设区为例》，载《经济科学》2019 年第 6 期。

[77] 尚正永、卢晓旭、张小林、吴启焰：《行政区划调整对城市地域结构演变的影响——以江苏省淮安市为例》，载《经济地理》2015 年第 8 期。

[78] 邵朝对、苏丹妮、包群：《中国式分权下撤县设区的增长绩效评估》，载《世界经济》2018 年第 10 期。

[79] 邵传林：《中国式分权、市场化进程与经济增长》，载《统计研究》2016 年第 3 期。

[80] 邵帅、李欣、曹建华：《中国的城市化推进与雾霾治理》，载《经济研究》2019 年第 2 期。

[81] 邵帅、李欣、曹建华、杨莉莉：《中国雾霾污染治理的经济政

策选择——基于空间溢出效应的视角》，载《经济研究》2016年第9期。

［82］邵宜航、李泽扬：《空间集聚、企业动态与经济增长：基于中国制造业的分析》，载《中国工业经济》2017年第2期。

［83］沈坤荣：《外国直接投资与中国经济增长》，载《管理世界》1999年第5期。

［84］沈坤荣、金刚、方娴：《环境规制引起了污染就近转移吗?》，载《经济研究》2017年第5期。

［85］沈坤荣、周力：《地方政府竞争、垂直型环境规制与污染回流效应》，载《经济研究》2020年第3期。

［86］沈利生、唐志：《对外贸易对我国污染排放的影响——以二氧化硫排放为例》，载《管理世界》2008年第6期。

［87］盛斌、吕越：《外国直接投资对中国环境的影响——来自工业行业面板数据的实证研究》，载《中国社会科学》2012年第5期。

［88］盛丹、包群、王永进：《基础设施对中国企业出口行为的影响："集约边际"还是"扩展边际"》，载《世界经济》2011年第1期。

［89］施炳展、冼国明：《要素价格扭曲与中国工业企业出口行为》，载《中国工业经济》2012年第2期。

［90］宋德勇、朱文博、王班班、丁海：《企业集团内部是否存在"污染避难所"》，载《中国工业经济》2021年第10期。

［91］宋马林、王舒鸿：《环境规制、技术进步与经济增长》，载《经济研究》2013年第3期。

［92］孙传旺、罗源、姚昕：《交通基础设施与城市空气污染——来自中国的经验证据》，载《经济研究》2019年第8期。

［93］孙启明、白丽健、彭惠、宋阳：《区域经济波动的微观动态基础：企业迁移和产业转移》，载《经济学动态》2012年第12期。

［94］孙晓峰、李键、李晓鹏：《中国清洁生产现状及发展趋势探析》，载《环境科学与管理》2010年第11期。

［95］唐飞鹏：《省际财政竞争、政府治理能力与企业迁移》，载《世界经济》2016年第10期。

[96] 唐国平、李龙会、吴德军:《环境管制、行业属性与企业环保投资》,载《会计研究》2013年第6期。

[97] 唐为:《分权、外部性与边界效应》,载《经济研究》2019年第3期。

[98] 唐为、王媛:《行政区划调整与人口城镇化:来自撤县设区的经验证据》,载《经济研究》2015年第9期。

[99] 涂正革:《环境、资源与工业增长的协调性》,载《经济研究》2008年第2期。

[100] 汪宇明、王玉芹、张凯:《近十年来中国城市行政区划格局的变动与影响》,载《经济地理》2008年第2期。

[101] 王班班、齐绍洲:《有偏技术进步、要素替代与中国工业能源强度》,载《经济研究》2014年第2期。

[102] 王兵、聂欣:《产业集聚与环境治理:助力还是阻力》,载《中国工业经济》2016年第12期。

[103] 王华、赖明勇、柴江艺:《国际技术转移,异质性与中国企业技术创新研究》,载《管理世界》2010年第12期。

[104] 王杰、刘斌:《环境规制与企业全要素生产率——基于中国工业企业数据的经验分析》,载《中国工业经济》2014年第3期。

[105] 王立双、廖新安:《科技投入与技术进步相关要素的理论探析》,载《科技进步与对策》2002年第7期。

[106] 王丽萍、夏文静:《中国污染产业强度划分与区际转移路径》,载《经济地理》2019年第3期。

[107] 王鹏、谢丽文:《污染治理投资、企业技术创新与污染治理效率》,载《中国人口资源与环境》2014年第9期。

[108] 王贤彬、徐现祥:《地方官员来源、去向、任期与经济增长——来自中国省长省委书记的证据》,载《管理世界》2008年第3期。

[109] 王小龙、陈金皇:《省直管县改革与区域空气污染——来自卫星反演数据的实证证据》,载《金融研究》2020年第11期。

[110] 王永培、晏维龙:《产业集聚的避税效应——来自中国制造业

企业的经验证据》，载《中国工业经济》2014年第12期。

[111] 王雨飞、倪鹏飞：《高速铁路影响下的经济增长溢出与区域空间优化》，载《中国工业经济》2016年第2期。

[112] 魏后凯：《中国区域基础设施与制造业发展差异》，载《管理世界》2001年第6期。

[113] 魏后凯、白玫：《中国企业迁移的特征、决定因素及发展趋势》，载《发展研究》2009年第10期。

[114] 魏守华、陈扬科、陆思桦：《城市蔓延、多中心集聚与生产率》，载《中国工业经济》2016年第8期。

[115] 文雁兵、郭瑞、史晋川：《用贤则理：治理能力与经济增长——来自中国百强县和贫困县的经验证据》，载《经济研究》2020年第3期。

[116] 吴文锋、吴冲锋、刘晓薇：《中国民营上市企业高管的政府背景与企业价值》，载《经济研究》2008年第7期。

[117] 席强敏：《企业迁移促进了全要素生产率提高吗？——基于城市内部制造业迁移的验证》，载《南开经济研究》2018年第4期。

[118] 徐康宁、陈丰龙、刘修岩：《中国经济增长的真实性：基于全球夜间灯光数据的检验》，载《经济研究》2015年第9期。

[119] 徐志伟、殷晓蕴、王晓晨：《污染型企业选址与存续》，载《世界经济》2020年第7期。

[120] 许和连、邓玉萍：《外商直接投资导致了中国的环境污染吗？——基于中国省际面板数据的空间计量研究》，载《管理世界》2012年第2期。

[121] 许敬轩、王小龙、何振：《多维绩效考核、中国式政府竞争与地方税收征管》，载《经济研究》2019年第4期。

[122] 杨发明、吴光汉：《绿色技术创新研究述评》，载《科研管理》1998年第4期。

[123] 杨海生、柳建华、连玉君、江颖臻：《企业投资决策中的同行效应研究：模仿与学习》，载《经济学（季刊）》2020年第4期。

[124] 杨继生、徐娟、吴相俊：《经济增长与环境和社会健康成本》，

载《经济研究》2013 年第 12 期。

[125] 杨开忠、董亚宁、顾芸：《运输成本、异质性企业迁移与区域平衡发展——基于集聚与增长整合理论的研究》，载《系统工程理论与实践》2019 年第 10 期。

[126] 叶素云、叶振宇：《中国工业企业的区位选择：市场潜力、资源禀赋与税负水平》，载《南开经济研究》2012 年第 5 期。

[127] 殷华方、鲁明泓：《中国吸引外商直接投资政策有效性研究》，载《管理世界》2004 年第 1 期。

[128] 余丽丽、彭水军：《贸易自由化对中国碳排放影响的评估和预测——基于 GTAP-MRIO 模型和 GTAP-E 模型的实证研究》，载《国际贸易问题》2017 年第 8 期。

[129] 袁泽沛、王琼：《技术创新与创新风险的研究综述》，载《经济学动态》2002 第 3 期。

[130] [德] 约翰·冯·杜能：《孤立国同农业和国民经济的关系》，吴衡康译，商务印书馆 1986 年版。

[131] 张彩云、王勇、李雅楠：《生产过程绿色化能促进就业吗——来自清洁生产标准的证据》，载《财贸经济》2017 年第 3 期。

[132] 张成、陆旸、郭路、于同申：《环境规制强度和生产技术进步》，载《经济研究》2011 年第 2 期。

[133] 张海燕：《基于附加值贸易测算法对中国出口地位的重新分析》，载《国际贸易问题》2013 年第 10 期。

[134] 张红凤、杨慧：《规制经济学沿革的内在逻辑及发展方向》，载《中国社会科学》2011 年第 6 期。

[135] 张建君、张志学：《中国私营企业家的政治战略》，载《管理世界》2005 年第 7 期。

[136] 张杰、张培丽、黄泰岩：《市场分割推动了中国企业出口吗？》，载《经济研究》2010 年第 8 期。

[137] 张军、高远：《官员任期，异地交流与经济增长——来自省级经验的证据》，载《经济研究》2007 年第 11 期。

[138] 张松、曹靖：《县域可持续发展评价理论研究》，载《统计研究》1999年第S1期。

[139] 张学良：《中国交通基础设施促进了区域经济增长吗——兼论交通基础设施的空间溢出效应》，载《中国社会科学》2012年第3期。

[140] 张译丹、王兴平：《"后申遗时代"的杭州京杭大运河沿线工业遗产开发与城市复兴策略——基于文化价值认同视角》，载《社会科学动态》2017年第5期。

[141] 张友国：《中国贸易增长的能源环境代价》，载《数量经济技术经济研究》2009年第1期。

[142] 赵静、黄敬昌、刘峰：《高铁开通与股价崩盘风险》，载《管理世界》2018年第1期。

[143] 赵伟、隋月红：《集聚类型、劳动力市场特征与工资—生产率差异》，载《经济研究》2015年第6期。

[144] 赵细康、李建民、王金营、周春旗：《环境库兹涅茨曲线及在中国的检验》，载《南开经济研究》2005年第3期。

[145] 郑新业、王晗、赵益卓：《"省直管县"能促进经济增长吗？——双重差分方法》，载《管理世界》2011年第8期。

[146] 中共交通运输部党组：《加快建设交通强国》，载《求是》2020年第3期。

[147]《中国交通运输发展》白皮书（全文），中华人民共和国国务院新闻办公室官网，2016年12月29日。

[148] 钟昌标：《外商直接投资地区间溢出效应研究》，载《经济研究》2010年第1期。

[149] 钟娟、魏彦杰：《产业集聚与开放经济影响污染减排的空间效应分析》，载《中国人口·资源与环境》2019年第5期。

[150] 周浩、陈益：《FDI外溢对新建企业选址的影响》，载《管理世界》2013年第12期。

[151] 周浩、余壮雄、杨铮：《可达性，集聚和新建企业选址——来自中国制造业的微观证据》，载《经济学（季刊）》2015年第3期。

[152] 周黎安、陶婧:《官员晋升竞争与边界效应:以省区交界地带的经济发展为例》,载《金融研究》2011年第3期。

[153] 周黎安、张维迎、顾全林:《企业生产率的代际效应和年龄效应》,载《经济学(季刊)》2007年第6期。

[154] 周茂、陆毅、杜艳、姚星:《开发区设立与地区制造业升级》,载《中国工业经济》2018年第3期。

[155] 周明海、肖文、姚先国:《企业异质性、所有制结构与劳动收入份额》,载《管理世界》2010年第10期。

[156] 周玉龙、杨继东、黄阳华:《高铁对城市地价的影响及其机制研究——来自微观土地交易的证据》,载《中国工业经济》2018年第5期。

[157] 庄汝龙、李光勤、梁龙武、宓科娜:《撤县设区与区域经济发展——基于双重差分方法的政策评估》,载《地理研究》2020年第6期。

[158] Aghion P., Howitt P., A Model of Growth Through Creative Destruction. *Econometrica*, Vol. 60, No. 2, 1992, pp. 323.

[159] Ahlfeldt G. M., A. Feddersen, From Periphery to Core: Measuring Agglomeration Effects Using High–Speed Rail. *Journal of Economic Geography*, Vol. 18, No. 2, 2018, pp. 355–390.

[160] Antweiler W., Copeland B. R., Taylor M. S., Is Free Trade Good for the Environment?. *American Economic Review*, Vol. 91, No. 4, 2001, pp. 877–908.

[161] Bai, Chong–En, et al., Local Protectionism and Regional Specialization: Evidence from China's Industries. *Journal of International Economics*, Vol. 63, No. 2, 2004, pp. 397–417

[162] Baldwin R. E., Okubo T., Heterogeneous Firms, Agglomeration and Economic Geography: Spatial Selection and Sorting. *Journal of Economic Geography*, Vol. 6, No. 3, 2006, pp. 323–346.

[163] Banerjee A., E. Duflo, N. Qian, On the Road: Access to Transportation Infrastructure and Economic Growth in China. *Journal of Development*

Economics, No. 145, 2012, pp. 102 – 442.

[164] Bas M., Technology Adoption, Export Status, and Skill Upgrading: Theory and Evidence. *Review of International Economics*, Vol. 20, No. 2, 2012, pp. 315 – 331.

[165] Beck T, Levine R, Levkov A., Big Bad Banks? The Winners and Losers from Bank Deregulation in the United States. *The Journal of Finance*, Vol. 65, No. 5, 2010, pp. 1637 – 1667.

[166] Becker G. S., A Theory of Competition Among Pressure Groups for Political Influence. *Quarterly Journal of Economics*, Vol. 98, No. 3, 1983, pp. 371 – 400.

[167] Becker G. S., Public Policies, Pressure Groups, and Dead Weight Costs. *Journal of Public Economics*, Vol. 28, No. 3, 1985, pp. 329 – 347.

[168] Bernstein I., The Growth of American Unions: Comment: Reply. *American Economic Review*, Vol. 45, No. 3, 1955, pp. 390 – 393.

[169] Bernstein J. R., D. E. Weinstein, Do Endowments Predict the Location of Production? Evidence from National and International Data. *Journal of International Economics*, Vol. 56, No. 1, 2002, pp. 55 – 76.

[170] Bloom N., Draca M., Van Reenen J., Trade Induced Technical Change? The Impact of Chinese Imports on Innovation, IT and Productivity. *The Review of Economic Studies*, Vol. 83, No. 1, 2016, pp. 87 – 117.

[171] Brouwer A. E., Mariotti I., van Ommeren J. N., The Firm Relocation Decision: An Empirical Investigation. *Annals of Regional Science*, Vol. 38, No. 2, 2004, pp. 335 – 347.

[172] Brunnermeier S. B., Cohen M. A., Determinants of Environmental Innovation in US Manufacturing Industries. *Journal of Environmental Economics and Management*, Vol. 45, No. 2, 2003, pp. 278 – 293.

[173] Burtraw D., Krupnick A., Palmer K., et al., Ancillary Benefits of Reduced Air Pollution in the US from Moderate Greenhouse Gas Mitigation

Policies in the Electricity Sector. *Journal of Environmental Economics and Management*, *Vol.* 45, No. 3, 2003, pp. 650 – 673.

[174] Cai, Hongbin, Yuyu Chen, Qing Gong, Polluting thy Neighbor: Unintended Consequences of China's Pollution Reduction Mandates. *Journal of Environmental Economics and Management*, Vol. 76, 2016, pp. 86 – 104.

[175] Candau F., Dienesch E., Pollution Haven and Corruption Paradise. *Journal of Environmental Economics and Management*, No. 85, 2017, pp. 171 – 192.

[176] Cherniwchan J., Trade Liberalization and the Environment: Evidence from NAFTA and U. S. Manufacturing. *Journal of International Economics*, Vol. 105, 2017, pp. 130 – 149.

[177] Chichilnisky G., North – South Trade and the Global Environment. *American Economic Review*, Vol. 84, No. 4, 1994, pp. 851 – 874.

[178] Connolly M., The Dual Nature of Trade: Measuring its Impact on Imitation and Growth. *Journal of Development Economics*, Vol. 72, No. 1, 2003, pp. 31 – 55.

[179] Copeland B. R., Taylor M. S., North – South Trade and the Environment. *The Quarterly Journal of Economics*, Vol. 109, No. 3, 1994, pp. 755 – 787.

[180] Copeland B. R., Taylor M. S., Trade, Growth, and the Environment. *Journal of Economic literature*, Vol. 42, No. 1, 2004, pp. 7 – 71.

[181] Coughlin C. C., J. V. Terza V. Arromdee, State Characteristics and the Location of Foreign Direct Investment within the United States. *The Review of Economics and Statistics*, Vol. 73, No. 4, 1991, pp. 675 – 683.

[182] Cropper M., Griffiths C., The Interaction of Population Growth and Environmental Quality. *American Economic Review*, Vol. 84, No. 2, 1994, pp. 250 – 254.

[183] Cui J., Tam O. K., Wang B., et al., The Environmental Effect of Trade Liberalization: Evidence from China's Manufacturing Firms. *World*

Economy, Vol. 43, No. 12, 2020, pp. 3357 – 3383.

[184] De Loecker J., Warzynski F., Markups and Firm – Level Export Status. *American Economic Review*, Vol. 102, No. 6, 2012, pp. 2437 – 2471.

[185] Donaldson D., Railroads of the Raj: Estimating the Impact of Transportation Infrastructure. *American Economic Review*, Vol. 108, No. 4 – 5, 2018, pp. 899 – 934.

[186] Eaton J., Kortum S., Technology, Geography, and Trade. *Econometrica*, Vol. 70, No. 5, 2002, pp. 1741 – 1779.

[187] Ehrlich P. R., Holdren J. P., The Impact of Population Growth. *Science*, Vol. 171, No. 3977, 1971, pp. 1212 – 1217.

[188] Ellison G., E. L. Glaeser, The Geographic Concentration of Industry: Does Natural Advantage Explain Agglomeration? *American Economic Review*, Vol. 89, No. 2, 1999, pp. 311 – 316.

[189] Faccio M., Politically Connected Firms. *American Economic Review*, Vol. 96, No. 1, 2006, pp. 369 – 386.

[190] Faccio M., R. W. Masulis and J. J. Mcconnell, Political Connections and Corporate Bailouts. *Journal of Finance*, Vol. 61, No. 6, 2006, pp. 2597 – 2635.

[191] Fisman R., Estimating the Value of Political Connections. *American Economic Review*, Vol. 91, No. 4, 2001, pp. 1095 – 1102.

[192] Giroud X., Proximity and Investment: Evidence from Plant – Level Data. *The Quarterly Journal of Economics*, Vol. 128, No. 2, 2013, pp. 861 – 915.

[193] Grossman G. M., Alan B. Krueger, Economic Growth and the Environment. *The Quarterly Journal of Economics*, Vol. 110, No. 2, 1995, pp. 353 – 377.

[194] Grossman G. M., Helpman E., Trade, Innovation, and Growth. *The American Economic Review*, Vol. 80, No. 2, 1990, pp. 86 – 91.

[195] Grossman G. M., Krueger A. B., Environmental Impacts of a

North American Free Trade Agreement. *Social Science Electronic Publishing*, Vol. 8, No. 2, 1991, pp. 223 – 250.

[196] Gutiérrez E., Teshima K., Abatement Expenditures, Technology Choice, and Environmental Performance: Evidence from Firm Responses to Import Competition. *Journal of Development Economics*, Vol. 133, 2018, pp. 264 – 274.

[197] He L. Y., Lin X., Liu Q., How Did Free Trade Reshape the Transitional China? Evidence from Heterogeneous Exporters and Firm – Level Pollution Emissions. *Emerging Markets Finance and Trade*, Vol. 56, No. 8, 2020, pp. 1651 – 1676.

[198] Head K., J. Ries D. Swenson, Agglomeration Benefits and Location Choice: Evidence from Japanese Manufacturing Investments in the United States. *Journal of International Economics*, Vol. 38, No. 3 – 4, 1995, pp. 223 – 247.

[199] Henderson J. V., Storeygard A., Weil D. N., Measuring Economic Growth from Outer Space. *American Economic Review*, Vol. 102, No. 2, 2012, pp. 994 – 1028.

[200] Jaffe A. B., Palmer K., Environmental Regulation and Innovation: A Panel Data Study. *Review of Economics and Statistics*, Vol. 79, No. 4, 1997, pp. 610 – 619.

[201] Krueger A. O., The Political Economy of the Rent – Seeking Society. *American Economic Review*, Vol. 64, No. 3, 1974, pp. 291 – 303.

[202] Krugman P., A. J. Venables, Globalization and the Inequality of Nations. *The Quarterly Journal of Economics*, Vol. 110, No. 4, 1995, pp. 857 – 880.

[203] Krugman P., Increasing Returns and Economic Geography. *Journal of Political Economy*, Vol. 99, No. 3, 1991, pp. 483 – 499.

[204] Laffont J. J., Tirole J., The Politics of Government Decision – Making: A Theory of Regulatory Capture. *Quarterly Journal of Economics*,

Vol. 106, No. 4, 1991, pp. 1089 – 1127.

［205］ Laussel D., T. Paul, Trade and the Location of Industries: Some New Results. *Journal of International Economics*, Vol. 71, No. 1, 2007, pp. 148 – 166.

［206］ Lerner J., Tirole J., Efficient Patent Pools. *American Economic Review*, Vol. 94, No. 3, 2004, pp. 691 – 711.

［207］ Levinson A., Environmental Regulations and Manufacturers' Location Choices: Evidence from the Census of Manufactures. *Journal of Public Economics*, Vol. 62, No. 1 – 2, 1996, pp. 5 – 29.

［208］ Li, Pei, Yi Lu, Jin Wang., Does Flattening Government Improve Economic Performance? Evidence from China. *Journal of Development Economics*, Vol. 123, 2016, pp. 18 – 37.

［209］ Lieberman M. B., Asaba S., Why do Firms Imitate Each Other? *Academy of Management Review*, Vol. 31, No. 2, 2006, pp. 366 – 385.

［210］ Lipscomb M., Ahmed Mushfiq Mobarak., Decentralization and Pollution Spillovers: Evidence from the Re – drawing of County Borders in Brazil. *The Review of Economic Studies*, Vol. 84, No. 1, 2016, pp. 464 – 502.

［211］ Maddison D., Environmental Kuznets Curves: A Spatial Econometric Approach. *Journal of Environmental Economics and Management*, Vol. 51, No. 2, 2006, pp. 218 – 230.

［212］ Martin P., Rogers C. A., Industrial Location and Public Infrastructure. *Journal of International Economics*, Vol. 39, No. 3 – 4, 1995, pp. 335 – 351.

［213］ Martin R., Muuls M., de Preux L. B., et al, Industry Compensation under Relocation Risk: A Firm – Level Analysis of the EU Emissions Trading Scheme. *American Economic Review*, Vol. 104, No. 8, 2014, pp. 2482 – 2508.

［214］ Melitz M. J., The Impact of Trade on Intra – Industry Reallocations and Aggregate Industry Productivity. *Econometrica*, Vol. 71, No. 6, 2003, pp. 1695 – 1725.

[215] Murphy K. M., A. Shleifer R. W. Vishny, Why Is Rent – Seeking So Costly to Growth? *American Economic Review*, Vol. 83, No. 2, 1993, pp. 409 – 414.

[216] Nilsen O. L., Diez – Gutierrez M., Andersen S. N., et al., Where and Why do Firms Choose to Move? Empirical Evidence from Norway. *Journal of Transport and Land Use*, Vol. 13, No. 1, 2020, pp. 207 – 225.

[217] Okubo T., Tomiura E., Industrial Relocation Policy, Productivity and Heterogeneous Plants: Evidence from Japan. *Regional Science and Urban Economics*, Vol. 42, No. 1, 2012, pp. 230 – 239.

[218] Oliver C., Determinants of Interorganizational Relationships: Integration and Future Directions. *Academy of Management Review*, Vol. 15, No. 2, 1990, pp. 241 – 265.

[219] Pan Y., Conroy T., Tsvetkova A., et al., Incentives and Firm Migration: An Interstate Comparison Approach. *Economic Development Quarterly*, Vol. 34, No. 2, 2020, pp. 140 – 153.

[220] Romer P. M., Endogenous Technological Change. *Journal of Political Economy*, Vol. 98, No. 5, 1990, pp. 71 – 102.

[221] Ross E. A., The Location of Industries. *The Quarterly Journal of Economics*, Vol. 10, No. 3, 1896, pp. 247 – 268.

[222] Schmidt R. C., Heitzig J., Carbon Leakage: Grandfathering as an Incentive Device to Avert Firm Relocation. *Journal of Environmental Economics and Management*, Vol. 67, No. 2, 2014, pp. 209 – 223.

[223] Shapiro J. S., Walker R., Why is Pollution from US Manufacturing Declining? The Roles of Environmental Regulation, Productivity, and Trade. *American Economic Review*, Vol. 108, No. 12, 2018, pp. 3814 – 3854.

[224] Shleifer A., Vishny R., Politician and Firms. *Quarterly Journal of Economics*, Vol. 109, No. 4, 1994, pp. 995 – 1025.

[225] Sigman H., International Spillovers and Water Quality in Rivers:

Do Countries Free Ride? *American Economic Review*, Vol. 92, No. 4, 2002, pp. 1152 – 1159.

[226] Stevens C., Harmonization, Trade, and the Environment. *International Environmental Affairs*, Vol. 5, No. 1, 1993, pp. 42 – 49.

[227] Streets D. G., Yu C., Bergin M. H., Wang X., Carmichael G. R., Modeling Study of Air Pollution due to the Manufacture of Export Goods in China's Pearl River Delta. *Environmental Science & Technology*, Vol. 40, No. 7, 2006, pp. 2099 – 2107.

[228] Wiedmann T., Lenzen M., Environmental and Social Footprints of International Trade. *Nature Geoscience*, Vol. 11, No. 5, 2018, pp. 314.

[229] Wu H., Guo H., Zhang B., et al, Westward Movement of New Polluting Firms in China: Pollution Reduction Mandates and Location Choice. *Journal of Comparative Economics*, Vol. 45, No. 1, 2017, pp. 119 – 138.

[230] Wurlod J. D., Noailly J., The Impact of Green Innovation on Energy Intensity: An Empirical Analysis for 14 Industrial Sectors in OECD Countries. *Energy Economics*, Vol. 71, No. 3, 2018, pp. 47 – 61.

图书在版编目（CIP）数据

中国特色工业化进程中企业和城市行为的环境效应研究/蔡宏波等著．—北京：经济科学出版社，2021.11
ISBN 978－7－5218－3210－5

Ⅰ.①中… Ⅱ.①蔡… Ⅲ.①新型工业化－关系－企业环境－环境效应－研究－中国②新型工业化－关系－城市环境－环境效应－研究－中国 Ⅳ.①F120.3②X320.2

中国版本图书馆 CIP 数据核字（2021）第 248389 号

责任编辑：初少磊　赵　芳
责任校对：王苗苗
责任印制：范　艳

中国特色工业化进程中企业和城市行为的环境效应研究
蔡宏波　钟超　韩金镕　马红旗　著
经济科学出版社出版、发行　新华书店经销
社址：北京市海淀区阜成路甲 28 号　邮编：100142
总编部电话：010 - 88191217　发行部电话：010 - 88191522
网址：www.esp.com.cn
电子邮箱：esp@esp.com.cn
天猫网店：经济科学出版社旗舰店
网址：http://jjkxcbs.tmall.com
北京季蜂印刷有限公司印装
710×1000　16 开　12 印张　170000 字
2021 年 11 月第 1 版　2021 年 11 月第 1 次印刷
ISBN 978 - 7 - 5218 - 3210 - 5　定价：56.00 元
（图书出现印装问题，本社负责调换。电话：010 - 88191510）
（版权所有　侵权必究　打击盗版　举报热线：010 - 88191661
QQ：2242791300　营销中心电话：010 - 88191537
电子邮箱：dbts@esp.com.cn）